ACCESO GRATIS *a la Lectura en la Nube*

Para visualizar el libro electrónico en la nube de lectura envíe junto a su nombre y apellidos una fotografía del código de barras situado en la contraportada del libro y otra del ticket de compra a la dirección:

ebooktirant@tirant.com

En un máximo de 72 horas laborales le enviaremos el código de acceso con sus instrucciones.

PLAN BEPS Y SU RECEPCIÓN EN MÉXICO

PLAN BEPS Y SU RECEPCIÓN EN MÉXICO

Coordinadores:
Alfredo Sánchez Castañeda
Jaime Cárdenas Gracia
Daniel Márquez Gómez
Pastora Melgar Manzanilla

tirant lo blanch
Ciudad de México, 2024

© TIRANT LO BLANCH
DISTRIBUYE: TIRANT LO BLANCH MÉXICO
Av. Tamaulipas 150, Oficina 502
Hipódromo, Cuauhtémoc,
CP 06100, Ciudad de México
Telf: +52 1 55 65502317
infomex@tirant.com
www.tirant.com/mex/
www.tirant.es
ISBN: 978-84-1056-034-5
MAQUETA: Innovatext

Si tiene alguna queja o sugerencia, envíenos un mail a: *atencioncliente@tirant.com*. En caso de no ser atendida su sugerencia, por favor, lea en *www.tirant.net/index.php/empresa/politicas-de-empresa* nuestro Procedimiento de quejas.

Responsabilidad Social Corporativa: *http://www.tirant.net/Docs/RSCTirant.pdf*

Índice

LOS PRECIOS DE TRANFERENCIA COMO BASE IMPONIBLE AMPLIADA

Daniel Márquez Gómez

EL PLAN BEPS DE LA OCDE COMO MECANISMO CONTRA LAS MALAS PRÁCTICAS FISCALES INTERNACIONALES DE LAS MULTINACIONALES

Beatriz Camarillo Cruz

EL IMPACTO DE LAS ACCIONES BEPS EN LAS EMPRESAS MEXICANAS

Alan Albertico Frías Hernández

DESAFÍO DEL FINANCIAMIENTO ELECTORAL EN EL PLAN EROSIÓN DE LA BASE Y CAMBIO DE LOS BENEFICIOS

José René Olivos Campos

INTRODUCCIÓN GENERAL

Como parte de los compromisos que el Estado Mexicano ha contraído en el ámbito internacional se encuentra su incorporación al plan de la Organización para la Cooperación y el Desarrollo Económicos (OCDE) y del Grupo de los Veinte (G 20) *Base Erosion and Profit Shifting*, mejor conocida por sus siglas en inglés como BEPS. Este plan se relaciona con estrategias en contra de la planificación fiscal agresiva utilizadas por las multinacionales para aprovechar las discrepancias e inconsistencias de los sistemas fiscales de los países en donde tributan, para cambiar artificiosamente los beneficios a lugares de escasa o nula tributación.

Para enfrentar ese y otros problemas relacionados con la evasión fiscal, las medidas BEPS buscan otorgar a los países las herramientas necesarias para asegurar que se graven las ganancias en donde se realice la actividad económica y donde se crea valor. Además, buscan proporcionar a las empresas una mayor seguridad y prevenir los conflictos relacionados con la aplicación de las normas fiscales internacionales y la normalización de las obligaciones de los contribuyentes.

El impacto de esas medidas para las empresas es significativo. Según la OCDE, los problemas de BEPS afectan tanto a países desarrollados como a países en desarrollo. Señala el organismo que se estima la presencia de BEPS en un 4%-10% de la recaudación del impuesto sobre sociedades, alrededor de 100-240 mil millones de dólares estadounidenses anuales.[1]

La presente obra incorpora las reflexiones de especialistas en Derecho Fiscal y Derecho Administrativo sobre el tema. La con-

---

1 Véase: Organización para la Cooperación y el Desarrollo Económico, 10 preguntas sobre BEPS, en: https://www.oecd.org/ctp/10-preguntas-sobre-beps.pdf, consultado el 14 de febrero de 2023.

vocatoria que se les formuló fue para analizar la propuesta de la OCDE y del G 20 relacionadas con BEPS, destacar su impacto en la política fiscal, establecer los mecanismos legales para su instauración en México, y resaltar los aspectos positivos y negativos para las empresas mexicanas. En dicho tenor, Jaime Cárdenas Gracia en: "Neoliberalismo y el proyecto de la OCDE sobre los BEPS", aborda el tema y subraya que las quince recomendaciones iniciales de la OCDE de 2013 y las subsiguientes no han producido grandes resultados. Lo anterior le permite argumentar que la fase del neoliberalismo globalizador se corresponde con una configuración específica del Estado y del Derecho, donde las redes de regulación jurídica están integradas por instituciones trasnacionales como la OCDE. Señala que el proyecto de la OCDE para enfrentar las consecuencias nocivas de los BEPS es de gran importancia, pero está condenado a no tener éxito, a menos de que se modifiquen las condiciones del capitalismo de la globalización neoliberal.

Desde su enfoque, Eduardo de Jesús Castellanos Hernández, en: "Política fiscal y medidas legislativas", aborda el contexto internacional de las acciones en materia de combate a la elusión fiscal de las grandes empresas. Propone asegurar al interior del país la vigencia de dichas acciones a través de la vía legislativa.

Por su parte, Arturo Lara Martínez, en: "Medidas legislativas para que la política de los BEPS adquiera rango positivo en México", destaca la interacción entre los diversos sistemas fiscales del mundo a través de las mismas normas para la eliminación de la doble imposición. Menciona que México se ha visto en la necesidad de "coaccionar" la colaboración del sector privado para que aporten su contribución a las finanzas públicas, lo que es un incentivo para que el legislador incluya en la ley los programas de *compliance*. Sostiene que la meta del gobierno mexicano y la OCDE es una recaudación justa y equitativa.

Por su parte, Daniel Márquez Gómez en: "Los precios de transferencia como base imponible ampliada", menciona que México, como miembro de la OCDE, ha adecuado su normativa tributaria a los lineamientos del Plan BEPS para combatir los paraísos fiscales y regímenes fiscales nocivos preferenciales. Sostiene que el

Plan BEPS impacta en la soberanía, porque la burocracia de un mecanismo multilateral, como es la OCDE, decide los temas tributarios de los países que lo integran, lo que evidentemente puede mejorar la recaudación, pero también, llevar al desestimulo de actividades productivas o inversiones.

En su colaboración "El plan BEPS de la OCDE como mecanismo contra las malas prácticas fiscales internacionales de las multinacionales", Beatriz Camarillo Cruz señala que el paquete BEPS es la primera renovación sustancial de los estándares fiscales internacionales en casi un siglo. Para la autora, la recaudación de impuestos es un elemento clave en el desarrollo de los países por lo que los planes que se destinen a actualizar las reglas internacionales necesariamente deben tener en cuenta dos elementos: la coexistencia de modelos de producción internacional típicos a cargo de las empresas multinacionales y los nuevos modelos de negocios de las mismas multinacionales, pero en un entorno digital.

Por su parte, Alan Albertico Frías Hernández en: "El impacto de las acciones BEPS en las empresas mexicanas", reconoce que las recomendaciones del Plan BEPS respecto del cumplimiento tributario para las empresas es un tema polémico en todos los países, sobre todo cuando se contrapone el respeto a los derechos humanos de los contribuyentes contra un estado que solicita recursos para el cumplimiento de sus objetivos. Concluye que el Plan genera una afectación importante a las empresas mexicanas, sobre todo a las pequeñas y medianas empresas que muchas veces no tienen un cumplimiento adecuado por falta de recursos. Señala que es importante generar opciones que generen un cumplimiento cooperativo entre el Estado y las empresas.

Por último, José René Olivos Campos, desde una perspectiva diferente, en: "Desafío del financiamiento electoral en el plan erosión de la base y cambio de los beneficios" afirma que el financiamiento de campañas políticas electorales, realizado por el INE es un tema que es y ha sido objeto de debate durante muchos años. Destaca que los partidos políticos y candidatos con frecuencia intentan ocultar a la autoridad electoral fiscalizadora sus ingresos y el financiamiento prohibido por las leyes electorales o que exceden los límites máximos de financiamiento privado permitido. Por lo anterior, considera importante establecer medidas para asegurar que el proceso electoral sea justo y transparente, entre ellas, propone que el componente BEPS pudiera incluirse en la agenda legislativa en cuestiones de campañas electorales.

Como el lector podrá advertir, existen diversas formas de entender el impacto del mecanismo BEPS en el Estado Mexicano, el analista cuidadoso podrá estimar que algunas son polémicas, algunas positivas y otras negativas. Así por ejemplo, algunas medidas impactan de manera directa en la base imponible, lo que puede garantizar una tributación más justa de las empresas multinacionales; además, puede reducir la posibilidad de que empresas realicen esquemas de planificación fiscal, que acudan e paraísos fiscales o a jurisdicciones fiscales que les favorezcan. En el aspecto negativo, carga burocráticamente a las empresas y puede incidir en la libertad de generación de la riqueza.

Facultad de Estudios Superiores Acatlán,
Edo. Méx., a 14 de febrero de 2023.

Pastora Melgar Manzanilla

NEOLIBERALISMO Y EL PROYECTO DE LA OCDE SOBRE LOS BEPS

Jaime Cárdenas Gracia[2]

I. INTRODUCCIÓN

El proyecto de la OCDE para evitar o afrontar los efectos perversos de los BEPS, pretende garantizar los principios de la economía de mercado, fundamentalmente que las grandes empresas trasnacionales participen en las economías nacionales en igualdad de circunstancias con las empresas nacionales, que las primeras no tengan ventajas fiscales indebidas con respecto a las segundas. Se quiere que el poder económico, político y jurídico de las trasnacionales no altere los principios de competencia con igualdad de condiciones y oportunidades. Todos deben concurrir a los mercados nacionales y trasnacionales sin privilegios impositivos. ¿Es ello posible?

Hasta el momento, las quince iniciales recomendaciones de la OCDE de 2013 y las subsiguientes en torno a los BEPS no han producido grandes resultados. Las grandes empresas trasnacionales siguen eludiendo tributos mediante sus estrategias de planificación fiscal. Es difícil que alguna vez paguen los ricos, que el sistema capitalista oligopólico y neoliberal se vuelva contra sí mismo.

En México, la implementación del proyecto BEPS de la OCDE ha implicado la reforma de diversas disposiciones fiscales, entre ellas algunas normas de la Ley del Impuesto sobre la Renta y al Código Fiscal de la Federación, pero no hay hasta ahora frutos

2 Doctor en Derecho por la UNAM y por la Universidad Complutense de Madrid. Investigador titular "C" Instituto de Investigaciones Jurídicas UNAM. Miembro del Sistema Nacional de Investigadores. ORCID: 0000-001-7566-2429. Instituto de Investigaciones Jurídicas de la UNAM, Ciudad de México. jaicardenas@aol.com.

tangibles. Al no existir un sistema fiscal internacional homogéneo, ni una autoridad fiscal mundial, al haber sistemas fiscales nacionales diversos, algunos con baja imposición, y al existir paraísos fiscales dispuestos especular con los beneficios y rentas de las trasnacionales y de ámbitos vinculados con el crimen organizado, las posibilidades de éxito de las recomendaciones de la OCDE se ven muy remotas.

Se requiere, para que las recomendaciones de la OCDE tengan materialidad, que se den pasos concretos para crear un sistema fiscal internacional, una autoridad fiscal mundial, eliminar los paraísos ficales, y reducir las diferencias entre los sistemas fiscales nacionales para que la imposición mundial sea más o menos semejante en todos los países. La propuesta y acuerdo de octubre de 2021, para que las empresas trasnacionales estén sujetas a un tipo impositivo mínimo del 15% a partir de 2023, así como medidas para enfrentar los desafíos derivados de la digitalización y la globalización de la economía, parece que ha perdido la fuerza que tuvo en sus inicios.

Lo anterior es así, porque el modelo neoliberal de la economía está diseñado para favorecer a las trasnacionales, mediante disposiciones jurídicas nacionales y trasnacionales que estén a su servicio. La maximización de los beneficios económicos son el objetivo, y las condiciones y principios de libre competencia en los mercados nacionales y el mundial son solo un dogma. El capitalismo neoliberal no permitirá que las trasnacionales pierdan la posibilidad de acrecentar sus beneficios. El proyecto BEPS de la OCDE es expresión de una mala conciencia de la globalización que intenta que las trasnacionales paguen impuestos para que el mercado funcione en condiciones de competencia, sin beneficios o ventajas oligopólicas para nadie.

II. EL CONTEXTO DE LA GLOBALIZACIÓN NEOLIBERAL

En el viejo Estado del Bienestar —Constitución de 1917 y de Weimar de 1919 hasta 1973— fue de gran trascendencia su marco fiscal y presupuestal. Se puede establecer que los teóricos del Estado del Bienestar idearon una fiscalidad y una política de gasto público con el propósito de lograr la redistribución de la riqueza[3]. El sistema impositivo pretendía fortalecer el carácter progresivo de las contribuciones y, en materia de gasto público, la finalidad era incrementarlo para satisfacer de manera más amplia y exhaustiva los derechos sociales. Ambos objetivos presentaron problemas: la progresividad de los impuestos sobre los ingresos retraía las inversiones y, con ello el crecimiento económico, pero éste era necesario, no solo para maximizar los beneficios de los empresarios sino para fortalecer la capacidad de la hacienda pública y distribuir mejor la riqueza; y, en cuanto al incremento del gasto público, éste indubitablemente era finito, no se podía aumentar constantemente porque tendía al agotamiento de las finanzas públicas y a la llamada crisis fiscal del Estado. De esta manera, el Estado del Bienestar contó parcialmente con los instrumentos fiscales y presupuestales que diseñó, pero nunca pudo considerarlos como absolutos y plenos: había límites en su materialización, con ellos se llegaban a conseguir algunas metas de satisfacción de los derechos sociales, pero no al grado de estimar a la política fiscal como la vía hacia la igualdad sustancial. El Estado del Bienestar jamás logró alcanzarla, aunque debe reconocerse que en algunos momentos lo intentó.

La actual fase del neoliberalismo globalizador[4] —de los años 70´s del siglo XX a nuestros días— se corresponde con una configuración específica del Estado y del Derecho. A consecuencia del impulso al gran capital, en el ámbito jurídico mundial, se crean redes internacionales de regulación por encima de la voluntad del Estado —principalmente de sus sociedades— y de los paradigmas tradicionales del Derecho (estatalidad en la producción de normas jurídicas, jerarquía normativa a partir de la Constitución, poderes de los Congresos de cada Estado para definir los propios diseños institucionales estaduales, jurisdicción a cargo

3 NEUMARK, F., "Principios de la imposición", Instituto de Estudios Fiscales, Madrid, 1994.; y, MUSGRAVE, R., A., "El futuro de la política fisca"l, Instituto de Estudios Económicos, Madrid, 1980.

4 En esta parte retomo algunos elementos de mi libro: Del Estado absoluto al Estado neoliberal. Ver: CÁRDENAS GRACIA, J., "Del Estado absoluto al Estado neoliberal", UNAM, México, 2017.

exclusivamente de tribunales nacionales, etcétera)[5]. Las redes de regulación jurídica están integradas por instituciones trasnacionales como el Fondo Monetario Internacional, el Banco Mundial, la OCDE, por las grandes corporaciones mundiales, por los gobiernos de las grandes potencias que impulsan esa visión de la realidad, por los gobiernos de otras naciones que acatan de manera subordinada las decisiones de los centros de hegemonía mundial; pero en dichas redes están ausentes los ciudadanos de las sociedades nacionales. Los Estados-nación en función de su fuerza política y económica en el concierto mundial pueden, en algunos casos, negociar y disputar el contenido de su propio Derecho, aunque generalmente éste es recibido por los Estados nación como algo ya dado que sólo debe formalizarse por los canales internos de cada país para que en los territorios nacionales y sobre las poblaciones respectivas tenga vigencia. De esta suerte, el Derecho del Estado responde a concepciones externas, de carácter elitista, que obedecen a intereses económicos de unos cuantos y que muy pocas veces tienen que ver con los derechos, intereses y necesidades de las sociedades.

La globalización neoliberal se acuerda y se define por las élites económicas y políticas, tanto mundiales como nacionales; en los procesos de globalización no participan, activa ni extendidamente, las ciudadanías nacionales; y, los procesos de globalización condicionan o reconfiguran al Estado-nación y a los órdenes jurídicos nacionales y mundiales en beneficio de los intereses económicos trasnacionales. Esto es, los procesos de globalización son instrumentos y cauces para el desarrollo del modelo económico neoliberal.

Las premisas expuestas son totalmente coincidentes con los procesos mundiales y nacionales en curso. Basta, para probar lo anteriormente señalado, revisar el llamado Consenso de Washington, el que se impuso mediante políticas públicas a nivel mundial, fundamentalmente a los países en desarrollo —aunque no sólo— para favorecer la liberalización de la economía mundial en

---

5 SANTOS, B., RODRÍGUEZ GARAVITO, C., A., "El derecho y la globalización desde abajo. Hacia una legalidad cosmopolita, Barcelona-México", Universidad Autónoma Metropolitana y Anthropos Editorial, México, 2007.

pleno respaldo al modelo neoliberal globalizado. Las políticas del Consenso de Washington fueron resumidas por John Williamson y consisten en: 1) Disminuir el déficit presupuestario y jamás recurrir a la inflación para financiarlo; 2) El gasto público se debe apartar de aquéllas áreas que reciben recursos desproporcionados en relación con los beneficios económicos que se producen, tales como la administración, la defensa y los subsidios indiscriminados en gasto social; 3) Promover reformas tributarias para ampliar la base de los ciudadanos que deben contribuir y reducir las impuestos directos; 4) Lograr que las tasas de interés bancarias y financieras las determine el mercado; 5) Establecer criterios de cambio monetario unificados entre el mayor número de países, además de lograr que sean competitivos para estimular el crecimiento acelerado de exportaciones no tradicionales; 6) Liberalizar el comercio mundial a través de la celebración de acuerdos comerciales y mediante la reducción de los aranceles nacionales; 7) Estimular y proteger a la inversión extranjera directa; 8) Privatizar a las empresas estatales; 9) Desreglamentar para eliminar las normas que impiden la participación de nuevas empresas y que restringen la competencia; y, 10) Fortalecer la propiedad privada sobre otras formas de propiedad[6].

El neoliberalismo tiene sus fundamentos en la teoría neoclásica de la economía que se desarrolló en Inglaterra, Estados Unidos y el resto de Europa a finales del siglo XIX y principios del siglo XX. La teoría neoclásica cuenta entre sus grandes teóricos a Carl Menger (1840-1921), León Walras (1834-1910), Stanley Jevons (1835-1882) y, Alfredo Marshall (1842-1924). Estos teóricos influirán posteriormente, entre otros, en autores neoliberales como Ludwig von Mises, Friedrich von Hayek y Milton Friedman. La teórica neoclásica sostiene como principales tesis que: el estudio de la economía debe concentrarse en la utilización óptima de los recursos disponibles, que son escasos, para satisfacer las necesidades y deseos de los agentes económicos; la utilidad de los bienes y de los servicios, no es otra que la que representa, en el margen, para los consumidores; el equi-

6 WILLIAMSON, J., "What Washington Means by Policy Reform", en Latin American Adjustment: How Much Has Happened, Peterson Institute for International Economics, Washington, D.C., 1990.

librio general corresponde a la utilización óptima de los recursos escasos, y se le puede identificar como un conjunto de valores para todas las variables, precios y cantidades que prevalecen de manera simultánea; los precios tienen significado como indicadores de la escasez (en relación a las preferencias de los consumidores); y, la distribución del ingreso se determina por la contribución, que en el margen hacen los factores de la producción[7].

Para los autores neoclásicos, el tema central de la economía está relacionado con la utilización óptima de los escasos recursos disponibles para satisfacer las necesidades y deseos que los agentes económicos experimentan en lo individual. El valor de las mercancías y de los servicios depende de la utilidad que les reporta a los consumidores. Estas visiones conceptuales fueron dominantes en el mundo económico hasta antes de la Gran Depresión de 1929 y fueron sustituidas por el pensamiento keynesiano —hasta las crisis de los años setentas y ochentas del siglo XX— porque la teoría neoclásica no ofrecía una explicación adecuada de lo que estaba ocurriendo en esa etapa, principalmente porque no tomaba en cuenta los aspectos contextuales en su análisis, en particular el peso del Estado y sus regulaciones en la economía, así como el papel de las clases sociales.

El neoliberalismo económico, continuador de las teorías neoclásicas, constituye una visión extrema de esas teorías. Apuesta por la economía irrestricta del mercado y por un Estado que intervenga, no para enfrentar las desigualdades sociales y económicas que provoca el mercado como lo hace el keynesianismo, sino para salvaguardar y extender la presencia del mercado, para proteger los intereses de las grandes trasnacionales, para garantizar su buen funcionamiento y, para enfrentar las barreras e impedimentos regulatorios a la libre competencia. El neoliberalismo puede ser estudiado en tres dimensiones: como ideología, como forma de gobierno y como paquete de medidas económicas[8].

---

7 TELLO, C., IBARRA, J., "La Revolución de los Ricos", UNAM, México, 2012, p. 45.

8 STEGER, MANFRED, B., RAVI, K., R., "Neoliberalismo. Una breve introducción", Alianza Editorial, Madrid, 2011, pp. 29-34.

Entender al neoliberalismo como ideología implica asumir que sus piezas y elementos básicos constituyen el discurso dominante de nuestro tiempo, que las élites económicas y políticas consideran como dogma verdadero. La ideología neoliberal sostiene una imagen idealizada del libre mercado y estima que los individuos son seres descontextualizados y egoístas que sólo persiguen su interés y satisfacción mediante el consumo. El neoliberalismo como ideología recela de la intervención económica del Estado en la economía a menos que sea para favorecer al gran capital especulativo y financiero[9], condena a las empresas públicas, rechaza el rol del sindicalismo reivindicativo, descarta las negociaciones colectivas obrero-patronales, desconfía de las normas medioambientales y fiscales que entorpecen el funcionamiento del libre mercado. Cualquier esquema institucional y jurídico que entrañe sustituir o limitar el desempeño individual es reputado como una afectación a la libertad y el progreso.

Como forma de gobierno el neoliberalismo se basa en valores empresariales como la competencia, el interés, la descentralización, la deslocalización, el fortalecimiento del poder individual y, las limitaciones a los poderes centrales. Se estima que las instituciones estatales deben funcionar bajo los parámetros de competencia, eficiencia y eficacia de las empresas privadas y, que en lugar de promover el bien común o el desarrollo de la sociedad civil y de la justicia social, el gobierno debe impulsar la transformación de la mentalidad burocrática y sustituirla por visiones empresariales para garantizar el libre mercado. Los empleados del gobierno no se deben ver a sí mismos como garantes del bien público sino participantes responsables del funcionamiento del mercado.

En cuanto a las medidas económicas del neoliberalismo, éstas se caracterizan por desregular la economía, liberalizar el comercio y la industria y, privatizar las empresas estatales. Específicamente sus tendencias económicas se caracterizan por lo siguiente: desmantelamiento de las regulaciones que existían sobre

9 VAROUFAKIS, Y., "El minotauro global. EE UU, Europa y el futuro de la economía mundial", Ediciones Culturales Paidós, México, 2015, p. 29.

diferentes actividades, destacando, entre otras, a las financieras, las que asumen un rol fundamental en la orientación de las actividades productivas; debilitamiento de la posición negociadora del trabajo mediante distintas desregulaciones y acotamientos de las relaciones obrero-patronales; estrechamiento financiero y reglamentario en la prestación de servicios de bienestar social; reorganización de las actividades productivas para reducir costos, incluyendo la introducción de innovaciones tecnológicas, la reducción de las plantillas laborales y la relocalización re geográfica de porciones importantes de los procesos productivos o de actividades completas; reducción del déficit fiscal, dejando el peso para lograrlo sobre el gasto del gobierno, como consecuencia de las acciones de desgravación impositiva; privatización de empresas públicas y privatización de servicios públicos al igual que la subcontratación de actividades como parte de la provisión de servicios públicos; política macroeconómica centrada en la estabilidad de precios y abandono de la política fiscal macroeconómica que anteriormente en el modelo keynesiano servía para redistribuir la riqueza; y, liberalización de los flujos de comercio y capital entre países.

La teoría crítica del neoliberalismo señala que, en él, como en otras relaciones de dominación que históricamente han existido, los vínculos sociales están gobernados por la violencia de clase. El neoliberalismo no sólo es una estructura económica sino un esquema integral geopolítico que conjuga la violencia política, militar, ideológica, jurídica y estatal, para que las transformaciones estructurales que promueve pongan a las anteriores variables de su lado con el propósito de modificar en beneficio de las clases dominantes representadas por las trasnacionales los elementos que conforman la convivencia social y la nueva forma de dominación política de carácter planetario, pero con anclajes nacionales[10].

Los poderosos del mundo requieren de sistemas jurídicos y estaduales compatibles con el modelo neoliberal[11]. Por tanto, existe un modelo jurídico y estadual del neoliberalismo que proporcio-

10 HARVEY, D., "Breve historia del neoliberalismo", Akal, Madrid, 2007.
11 KAPLAN, M., "Estado y globalización", IIJ-UNAM, México, 2008.

na servicio a los dogmas neoliberales para que los más ricos, el 1% de la población mundial, se siga distanciando social, económica, política y jurídicamente, del 99% de la población más pobre del planeta.

III. LAS REFORMAS ESTRUCTURALES Y LA GLOBALIZACIÓN NEOLIBERAL

A la par que los procesos de globalización económica neoliberal se desarrollan y despliegan, como instrumento de esos procesos y a su servicio, se crean complejas estructuras jurídicas que se pueden caracterizar por su opacidad e ilegitimidad[12]. Opacidad porque las sociedades nacionales desconocen cómo se construyen esos sistemas normativos que se realizan, no en su beneficio, sino en el de los grandes intereses trasnacionales. Ilegitimidad porque los ciudadanos de los respectivos países no votan esas estructuras normativas, ni directa ni indirectamente, aunque al final se les imponen y afectan sus vidas.

Las estructuras jurídicas de la globalización se crean y se mantienen en forma de red —las redes jurídicas de la globalización neoliberal—[13]. Son redes jurídicas porque no se diseñan de manera jerárquica como en el derecho nacional a partir de la Constitución sino que van construyéndose en forma de red, sin el respaldo de una única autoridad mundial o nacional; en su integración participan autoridades y agentes privados trasnacionales; las normas que conforman esas redes no tienen exclusivamente un origen público sino fundamentalmente privado —las grandes

12 HERNÁNDEZ CERVANTES, A., "La producción jurídica de la globalización económica, México", UNAM-Universidad Autónoma de San Luis Potosí-Centro de Estudios Jurídicos y Sociales Mispat, México, 2014, pp. 203-216.

13 TEUBNER, G., "El derecho como sistema autopoiético de la sociedad global", Universidad Externado de Colombia, Colombia, 2005; SANTOS, B., "La globalización del derecho. Los nuevos caminos de la regulación y la emancipación", Facultad de Derecho de la Universidad de Colombia-ILSA, Bogotá, 2002; Faria, José Eduardo, El derecho en la economía globalizada, Madrid, Trotta, 2001.

corporaciones—; las redes sustituyen las fuentes jurídicas tradicionales —la Constitución y la ley—; y se nutren fundamentalmente de un derecho contractual, en donde la ley del más fuerte gana más espacios. Como dice Ferrajoli se produce un vacío del derecho público a favor de un derecho privado de carácter mundial en el que múltiples centros de decisión jurídica trasnacional disputan y generalmente sobrepasan la presencia normativa del Estado-nación[14].

La circunstancia de que ahora el derecho de la globalización opere en forma de red más que en la tradicional imagen de pirámide normativa no significa que exista una sola red, hay varias redes operando simultáneamente. Las redes poseen un carácter multifuncional, pues tienen capacidad para generar sus reglas de operación, sus procedimientos de resolución de conflictos, sus mecanismos para producir nuevas normas jurídicas y hasta criterios propios de "legitimación". Dentro de la gran red jurídica de la globalización económica neoliberal podemos ubicar dos tipos de redes: 1) las redes jurídicas económicas transgubernamentales y, 2) las redes privadas económicas de autorregulación transnacional. En el caso de las redes jurídicas transgubernamentales los centros de producción jurídica son, por ejemplo, el Fondo Monetario Internacional, la OCDE, el Banco Mundial, la Organización Mundial del Comercio, la Comisión de las Naciones Unidas para el Derecho Mercantil Internacional y el Instituto para la Unificación del Derecho Privado. En las redes privadas económicas de autorregulación trasnacional, organismos privados internacionales, por ejemplo, la Cámara de Comercio Internacional, son los centros de producción jurídica para sus agremiados y, utilizan el poder, la presión o la persuasión para que las regulaciones producidas sean adoptadas por las legislaciones nacionales.

La validez de las normas jurídicas producidas por los centros de creación trasnacional, que son parte de las redes, no es generada por las vías tradicionales que se emplean en el Estado-nación (participación de un órgano competente legislativo que sigue el

---

14 FERRAJOLI, L., "Es posible una democracia sin Estado" en Razones jurídicas del pacifismo, editorial Trotta, Madrid, 2004, p. 142.

procedimiento previamente establecido en normas del Estado y en donde las normas resultantes respetan el contenido de la Constitución y de otras normas superiores) sino a través de la "persuasión" que se respalda en criterios económicos, con el poder que detentan los grandes intereses económicos mundiales y, a través de la amenaza de sanciones de tipo pecuniario o de la exclusión de los privilegios e intereses que se derivan de ser parte de la integración en la comunidad económica globalizada. Esto es, la fuerza normativa de las normas jurídicas de la globalización neoliberal viene dada por el poder que los centros de producción trasnacional poseen para que sus instrumentos jurídicos sean adoptados, observados y aplicados[15].

La finalidad de las redes jurídicas de la globalización económica neoliberal es para construir un marco jurídico flexible que relativamente le dé orden y estructura jurídica a las múltiples operaciones y procesos que constituyen la globalización económica. Se pretende que las redes otorguen institucionalidad y certidumbre a los procesos económicos globales que operan al margen de los derechos nacionales e, incluso, del tradicional derecho internacional.

En este sentido, las características jurídicas del Estado-nación se han transformado. Podemos decir que los principales elementos de las formas tradicionales de Estado-nación se desvanecen porque instituciones trasnacionales, que a su vez son contraladas por las grandes potencias, limitan la soberanía interna de las naciones. El Fondo Monetario Internacional que tiene como fines suministrar recomendaciones técnicas, dar orientaciones económicas, y préstamos financieros a las economías en desarrollo, condiciona a los países en vías de desarrollo, el acceso a los préstamos económicos y requiere a los gobiernos que restrinjan la expansión del crédito, reduzcan el gasto público, disminuyan los salarios y los empleos en el sector público, estabilicen el tipo de cambio y limiten a sus mínimos los programas sociales. El Banco

---

15 ENGLE, M., S., GRIFFITHS, J., TAMANAHA, B., Z., "Pluralismo jurídico", Siglo del Hombre editores, Universidad de los Andes, Pontificia Universidad Javeriana, Bogotá Colombia, 2007.

Mundial suele exigir a los países en vías de desarrollo, a cambio de apoyos financieros programas de ajuste estructural y sectorial, el cumplimiento de normas de austeridad monetaria y fiscal, la mayor apertura de la economía al sector privado, la remoción completa de las prestaciones domésticas contra las fuerzas de la economía internacional y exigencias de buen gobierno asociado al respeto de los derechos humanos, democracia y rendición de cuentas de la administración pública[16].

La condicionalidad del Banco Mundial y del Fondo Monetario Internacional a los países en vías de desarrollo implica una pérdida de soberanía evidente en el ámbito económico y financiero de las naciones, aunque no sólo en esos espacios. La condicionalidad trasciende también a la seguridad nacional, a la seguridad interna y a la política interna, tal como ocurre cuando reformas "estructurales" son aprobadas en los países por sus Congresos locales por recomendación de esos y otros organismos trasnacionales como la OCDE[17]. Es importante destacar que detrás de la condicionalidad de los organismos trasnacionales están las grandes potencias que controlan a esos organismos trasnacionales. Es decir, la globalización desde arriba, es un ejercicio de geopolítica en beneficio de los poderes económicos, políticos y militares más importantes del planeta.

Un elemento fundamental del Estado-nación, el más importante sin duda desde Bodin, es la soberanía. Como lo señala Gustavo Zagrebelsky la soberanía en los nuevos Estados trasnacionales se ha transformado. En el Estado nación del siglo XIX y buena parte del siglo XX, la soberanía interna indicaba la inconmensurabilidad del Estado frente a cualesquiera otros sujetos y, por tanto, la imposibilidad de entrar en relaciones jurídicas con ellos, pues frente al Estado soberano no podían existir más que

---

16 HERNÁNDEZ CERVANTES, A., "La producción jurídica de la globalización económica, México", UNAM-Universidad Autónoma de San Luis Potosí-Centro de Estudios Jurídicos y Sociales Mispat, México, 2014, p. 182.

17 En México reformas estructurales como la educativa o la energética se aprobaron por recomendación de organismos como la OCDE, el FMI o el Banco Mundial. Ver: CÁRDENAS GRACIA, J., "Crítica a la reforma constitucional energética de 2013", UNAM, México, 2014.

relaciones de sujeción. Desde una perspectiva externa, los Estados se presentaban como fortalezas cerradas protegidas por el principio de la no injerencia[18].

En el Estado contemporáneo del neoliberalismo ambas dimensiones de la soberanía se han modificado. Internamente, el pluralismo jurídico, el fortalecimiento de poderes fácticos nacionales que disputan con el Estado el poder y, la integración creciente de los Estados a las entidades supranacionales, propician que, la soberanía desde su dimensión interna, no le brinde al Estado la prevalencia que tuvo anteriormente. Externamente, la globalización y el desarrollo de poderes fácticos e institucionales internacionales, han acabado con el principio de no injerencia nacional. Hoy en día, las grandes corporaciones económicas y las instituciones internacionales, condicionan la vida interna de los países y parecen aniquilar el principio de autodeterminación nacional.

A diferencia de lo que opina Zagreblesky, el futuro no es promisorio porque no basta con construir un nuevo Estado constitucional con garantías de legitimidad democrática y de protección de los derechos humanos al interior de los Estados[19] —aunque es importante hacerlo porque es una parte del problema—, sino que es necesario someter a Derecho y a controles democráticos a los poderes fácticos trasnacionales y dotar de legitimidad democrática a las instancias supranacionales[20]. Hoy por hoy, esa transformación se ve remota porque la institucionalidad internacional depende en gran medida de la economía mundial y de quien la dirige en su beneficio.

En el nivel interno de los Estados, los cambios jurídicos de la globalización neoliberal se perciben claramente. Gerardo Pisarello, advierte la aparición de procesos deconstituyentes en las naciones que falsean el sentido garantista —maximizador de los

---

18 ZAGREBELSKY, GUSTAVO, "El derecho dúctil. Ley, derechos, justicia", Trotta, Madrid, 1995, pp. 10-11.

19 ZAGREBELSKY, GUSTAVO, "El derecho dúctil. Ley, derechos, justicia", Trotta, Madrid, 1995, p. 12.

20 Así lo propone Joseph Stiglitz. Ver: STIGLITZ, J., E., "El malestar en la globalización", Santillana, Madrid, 2002, p. 269.

derechos humanos y de la democracia— de los marcos constitucionales y destaca también el desarrollo de un constitucionalismo liberal oligárquico que responde a la vigencia de las redes jurídicas internacionales y a la importancia que en ellas tiene la nueva "lex mercatoria" vinculada a los intereses de las grandes empresas trasnacionales, a los organismos financieros y comerciales internacionales y, por supuesto a las grandes potencias que están detrás de todos esos procesos. Al interior de los Estados, los órganos de defensa de la Constitución —ejecutivos, parlamentos, tribunales constitucionales— han asistido impotentes, cuando no han alentado, el vaciamiento normativo nacional, el que es promovido desde instancias estatales y supraestatales. Las Constituciones y los marcos jurídicos nacionales se vuelven flexibles frente a las presiones antisociales de la globalización y rígida frente a las exigencias democratizadoras provenientes de las sociedades locales, principalmente de los sectores más desfavorecidos[21].

Las características del derecho interno paulatinamente van modificándose. El Estado ya no concentra el monopolio de la producción jurídica, sino que lo comparte con las instancias supranacionales, tanto públicas como privadas. La "Lex mercatoria" implica la existencia de un ordenamiento espontáneo de los negocios del comercio internacional al margen del Estado. Se comienza a transformar el esquema piramidal y jerárquico de las normas del derecho interno y se sustituye por la pluralidad de redes normativas internacionales. En el derecho internacional con consecuencias jurídicas internas se manifiesta un "soft law" que carece de sanciones explícitas, por ejemplo, la pluralidad creciente en el derecho interno de lineamientos, directrices, códigos de conducta y normas técnicas. Vinculado a lo expuesto se presenta en los Estados-nación el vaciamiento normativo del derecho público y el avance de un derecho privado orientado por los criterios de la globalización. Con lo anterior, el ordenamiento jurídico interno pierde certeza jurídica porque compite con el de las

21 PISARELLO, G., "Procesos constituyentes. Caminos para la ruptura democrática", Trotta, Madrid, 2014, pp. 16-17.

redes jurídicas de la globalización y, principios como el de supremacía se diluyen; se trastocan las viejas virtudes de generalidad y abstracción de las normas, pues el derecho de la globalización neoliberal es casuístico y fugaz y, las características de unidad y coherencia del ordenamiento, por la fuerza de las redes jurídicas de la globalización, obligan a que el sistema jurídico se fragmente, aumenten las lagunas y las antinomias jurídicas.

Desde el punto de vista de vista de la aplicación del derecho interno globalizado, son instancias de arbitraje internacional y tribunales foráneos o supranacionales los que lo aplican, principalmente el derecho referido al comercio, a las inversiones, el que afecta a los sectores y ámbitos de las otrora áreas estratégicas del Estado[22] o, el relacionado con los derechos humanos. De esta suerte, la producción jurídica más importante es externa y la interpretación y aplicación del derecho interno globalizado corresponde a instancias jurisdiccionales foráneas o supranacionales.

En cuanto a los derechos económicos, sociales, culturales y ambientales, y como dice José Eduardo Faria, cuanto más veloz es la integración de los mercados en un "sistema mundo" o en una "economía-mundo", más se reduce la capacidad de coordinación macroeconómica de los Estados-nación, pues mediante las recomendaciones de los organismos financieros internacionales se llega a impedírseles establecer políticas keynesianas de altas tasas de gasto público para sustentar el empleo o el crecimiento económico[23]. De esta suerte, las posibilidades del Estado se reducen para garantizar o contribuir a garantizar los derechos sociales. El modelo jurídico neoliberal de la globalización se caracteriza por la reducción sustancial en la satisfacción de los derechos sociales. En este modelo, los ciudadanos del Estado nación tienen menos acceso al empleo, a la salud, a la educación, a la vivienda

---

22 En México, este proceso claramente se manifiesta en la reforma energética, en donde serán instancias de arbitraje y tribunales extranjeros, los que resuelvan las disputas entre el gobierno mexicano y las empresas trasnacionales energéticas. Ver: CÁRDENAS GRACIA, J., "Crítica a la reforma constitucional energética de 2013", UNAM, México, 2014.

23 FARIA, J. E., "El derecho en la economía globalizada", Trotta, Madrid, 2001, p. 30.

y otros derechos sociales que en el viejo modelo del Estado del Bienestar.

El derecho de la globalización, como dijimos líneas más arriba, es un derecho opaco e ilegítimo. La opacidad es evidente porque las normas jurídicas del "soft law" son producidas por instancias supranacionales gubernamentales y no gubernamentales, sin el concurso de la sociedad, sin rendición de cuentas. Los procedimientos de generación de ese derecho se toman por unos cuantos funcionarios y empresarios —la tecnocracia de la globalización— y las sociedades nacionales desconocen las razones, motivos o argumentos que esgrimen esas personas para producir ese derecho, a quién beneficia y por qué no beneficia o se produce bajo criterios alternativos. El proceso legislativo de creación del derecho de la globalización se realiza sin luz ni taquígrafos, sin debates parlamentarios en las instituciones planetarias y, sin que los sectores sociales involucrados o afectados por esas normas puedan exponer sus puntos de vista en esos procedimientos. Es ilegítimo el derecho de la globalización neoliberal porque se trata de un derecho conformado por personas que no han sido electas por el pueblo, que no le rinden cuentas al pueblo, que no pueden ser removidas de sus funciones por el pueblo y, porque el derecho producido no responde a los intereses del pueblo ni a los derechos fundamentales sino a los intereses y deseos de las grandes corporaciones internacionales y de los poderes políticos y económicos que están detrás de ellas. El derecho de la globalización no se somete en muchos casos a la aprobación de los parlamentos de los Estados-nación y mucho menos al referéndum ciudadano. Es, además, un derecho que no puede ser derogado o abrogado por los ciudadanos de los Estados-nación.

Por ejemplo, en el sexenio anterior y aún en éste, deliberadamente se ha impulsado una agenda de transformación compatible con las características jurídicas que el neoliberalismo ha tenido en nuestro país: desmantelamiento del Estado del Bienestar; reducción de los derechos económicos, sociales, culturales y ambientales en contra de los derechos de los gobernados; saqueo de los recursos naturales en beneficio de las trasnacionales y de los poderes geopolíticos; homologación de nuestro sistema jurídico al derecho anglosajón; populismo penal que pretende resolver los problemas de seguridad con medidas puramente represivas —prisión preventiva oficiosa automática, arraigo y más delitos—; privatización del derecho público; subordinación del ordenamiento nacional al supranacional y a las redes jurídicas del neoliberalismo; democracia electoral de baja intensidad, sin fuertes dosis de democracia participativa, directa, deliberativa, y comunitaria; acuerdos internacionales no aprobados por el Senado y mucho menos por los ciudadanos; pérdida de soberanía; apuntalamiento jurídico del modelo económico neoliberal para beneficiar a los poderes fácticos nacionales y trasnacionales; integración económica de nuestro país a los Estados Unidos, entre otros notas destacadas.

IV. EL PROYECTO BEPS DE LA OCDE COMO UN INTENTO PARA CONTENER A LAS TRASNACIONALES

Las siglas BEPS provienen de las expresiones en inglés "Base Erosion and Profit Shifting", que en español se traducen como "Erosión de la base imponible y traslado de beneficios"[24]. En el sistema fiscal internacional y ahora también en los sistemas fiscales nacionales se alude con las siglas "BEPS" a las estrategias de planeación fiscal que emplean las empresas trasnacionales para beneficiarse de las imperfecciones de los ordenamientos jurídicos de los sistemas fiscales nacionales (contradicciones y lagunas normativas, así como oscuridades y problemas interpretativos) y trasladar sus beneficios a otros países de menor complejidad fiscal, o de plano a los paraísos fiscales para maximizar sus ventajas y rentas económicas. Eluden fiscalmente el impuesto sobre la renta-impuesto sobre sociedades según la terminología utilizada por las legislaciones de otros países-.

En 2013, la OCDE puso en marcha el proyecto BEPS para combatir las prácticas de elusión fiscal de las empresas trasnacionales que acuden a toda suerte de artimañas para evitar pagar impuestos en los países en donde obtienen sus beneficios económicos.

---

24 www.oecd.org/tax/beps-and-developing-countries.htm

La riqueza producida en los países, principalmente del tercer mundo, no se queda en ellos, sino que emigra a los paraísos fiscales mediante el empleo de toda suerte de artificios, simulaciones y engaños de carácter legal fiscal —se les conoce como esquemas de planificación fiscal agresiva o abusiva— que son realizados por las grandes corporaciones mundiales.

Durante la Cumbre del G20 en julio de 2013 en San Petesburgo, la OCDE presentó un plan de acción para afrontar las consecuencias negativas de los BEPS, y propuso quince recomendaciones. Entre otras, algunas consisten en: hacer frente a los desafíos fiscales que plantea la economía digital; reforzar las normas sobre transparencia fiscal internacional; limitar la erosión de la base imponible vía deducción de intereses y otros pagos financieros; incrementar la eficiencia de las medidas para contrarrestar las prácticas fiscales perjudiciales, teniendo en cuenta la transparencia; impedir el abuso de los convenios para evitar la doble imposición fiscal; impedir la evitación deliberada de las grandes empresas de la condición de establecimiento permanente; garantizar que los resultados en materia de precios de transferencia tengan correspondencia con la creación de valor; requerir a los contribuyentes que comuniquen sus mecanismos de planificación fiscal agresiva; establecer un nuevo análisis de la documentación sobre precios de transferencia; hacer más efectivos los mecanismos para la resolución de controversias (procedimientos amistosos); entre otras.

Después de 2013, la OCDE ha ido perfeccionando sus recomendaciones y propuestas. En la Cumbre del G-20 de Brisbane de noviembre de 2014 propuso que se modificara el Modelo de Convenio Tributario de la OCDE, además de insistir en que los países de la OCDE debían revisar sus sistemas fiscales nacionales para evitar las malas prácticas. Posteriormente ha continuado recomendando actualizaciones a los lineamientos de los precios de transferencia para las empresas multinacionales, ha insistido en revisar el Modelo de Convenio para evitar la Doble Imposición, ha propuesto una autoridad competente internacional para enfrentar la elusión y evasión fiscal, entre otras importantes medidas. En octubre de 2021, 138 países y autoridades que son parte del proyecto BEPS propusieron una reforma al sistema fiscal internacional para que las empresas trasnacionales estén sujetas a un tipo impositivo mínimo del 15% a partir de 2023, así como medidas para enfrentar los desafíos derivados de la digitalización y la globalización de la economía[25].

El proyecto BEPS de la OCDE ha continuado con sus recomendaciones, y países como el nuestro han intentado acatar esas recomendaciones a través de cambios legislativos —Ley del Impuesto sobre la Renta y Código Fiscal de la Federación— y administrativos. Sin embargo, los resultados no han sido los esperados. El poder económico y político de las trasnacionales ha impedido la aplicación estricta o al menos razonable de los lineamientos de la OCDE.

No se ha podido cumplir con el proyecto BEPS por la resistencia de las trasnacionales, por la manera en que está concebido, tal como hemos explicado con antelación, el modelo neoliberal que fue ideado por los grandes poderes políticos y económicos mundiales para acrecentar los beneficios de las grandes empresas en contra de las sociedades y en oposición del respeto mismo de los principios de libre competencia elaborados por la teoría económica clásica, por la ausencia de un sistema fiscal internacional homogéneo, por la inexistencia de una autoridad fiscal mundial, porque el sistema mundial permite los paraísos fiscales, y porque existen sistemas fiscales nacionales que para atraer las inversiones reducen sensiblemente las tasas impositivas, propiciando condiciones de inequidad fiscal a nivel internacional.

Seguramente, y de manera utópica se podría pensar en un Estado constitucional mundial, como propone Ferrajoli, para solucionar problemas como el de los BEPS y otros relativos a la garantía de los derechos económicos, sociales, culturales y ambientales, aunque debemos asumir que es una tarea de difícil realización[26]. Consideramos con algunos autores que debe mun-

25 OCDE, "Declaración sobre el enfoque de dos pilares para abordar los desafíos fiscales derivados de la digitalización de la economía", OCDE, 2021.

26 FERRAJOLI, L., "La crisis de la democracia en la era de la globalización", en Law and Justice in a global society, Anales de la Cátedra Francisco Suárez, Granada, 2005, pp. 50-51.

dializarse el constitucionalismo y debiera reconocerse el derecho humano universal a recibir una renta básica, la que se financiaría con la "tasa Tobin" que gravaría las transacciones financieras internacionales[27]. Sin embargo, esa utopía se ve muy distante. Por eso, dice Boaventura de Sousa Santos que, el nuevo derecho de la globalización jurídica no es producto del impulso intelectual de juristas bien intencionados, sino de los poderes de dominación mundial y de abogados, burócratas estatales, instituciones internacionales, trasnacionales, algunos movimientos populares y organismos no gubernamentales que proponen un nuevo derecho para las nuevas realidades. El proceso de construcción del nuevo derecho no se monolítico sino muy diverso, aunque en él han ido ganando los intereses de las grandes corporaciones mundiales y de las potencias más importantes sobre las organizaciones no gubernamentales que defienden los derechos humanos, el ius humanitatis o el medio ambiente[28].

Lo anterior obliga, a las sociedades nacionales y mundiales, a profundizar el discurso y la práctica de la democracia radical —participativa, deliberativa, comunitaria, además de representativa— y de las estructuras e instituciones tradicionales del Estado, a la par que debemos construir y realizar una teoría económica y social, que sea capaz de justificar, costear y respaldar las propuestas y proyectos constitucionales y de derechos que las sociedades hagan desde las esferas jurídicas y políticas locales e internacionales. La realidad, tal como hoy se manifiesta, sin una transformación en el modelo capitalista de dominación, y sin un rediseño nacional y mundial de las instituciones vigentes de carácter representativo, será incapaz de satisfacer en un sentido fuerte a los derechos humanos que se pretende salvaguardar y proteger, y que teóricamente le dan razón a su existencia.

---

27 ATIENZA, M., "Constitucionalismo, globalización y derecho", en El canon neoconstitucional, Trotta, Madrid, 2010, pp. 264-281.

28 SANTOS, B., "Sociología jurídica crítica. Para un nuevo sentido común en el derecho", Trotta, Madrid, 2009, pp. 292.

V. CONCLUSIONES

El proyecto de la OCDE para enfrentar las consecuencias nocivas de los BEPS es de gran importancia, pero está condenado a no tener éxito, a menos de que se modifiquen las condiciones del capitalismo de la globalización neoliberal. En el proceso de globalización neoliberal existen, como dice Boaventura de Sousa Santos, dos caras: una negativa para las sociedades nacionales y mundial que sufren las consecuencias del expolio de las trasnacionales y de otros poderes de dominación mundial, y una positiva que quiere instaurar un constitucionalismo mundial que garantice los derechos de las personas y de los colectivos.

En el ámbito del proyecto de la OCDE sobre los BEPS, se requeriría para alcanzar el éxito, algunos cambios que ya hemos señalado en estas páginas, tales como: un sistema fiscal internacional homogéneo, la existencia de una autoridad fiscal mundial, la prohibición de los paraísos fiscales y de sistemas fiscales nacionales que reducen sensiblemente sus tasas impositivas, respecto a otros, para atraer las inversiones. Como las medidas anteriores se ven difíciles de alcanzar no habrá una consolidación plena del proyecto.

Seguramente en los próximos años veremos intentos por parte de la OCDE y de algunos países para detener la voracidad de las trasnacionales con algunas de las medidas que se concibieron en 2013 y que se han ido adicionando durante estos años. Sin embargo, estaremos en el escenario del gradualismo, con algunos triunfos y con muchos fracasos. El capitalismo neoliberal no está y no estará dispuesto a darse por vencido. Al fin y al cabo, la OCDE es uno de sus instrumentos.

Las recomendaciones de la OCDE en torno a los BEPS son construcciones jurídicas que desean el noble sueño de una fiscalidad mundial y nacional justa y democrática, pero que se enfrentan a la amarga pesadilla de la realidad, pues las recomendaciones y medidas no pueden ser realizadas sin trastocar de fondo el modelo capitalista. Son recomendaciones que no tocan el nervio de los modelos de dominación neoliberal, y tristemente brindan un servicio de legitimación jurídica para mantener la ilusión de que a través del Derecho —soft law— son posibles las transformaciones, aunque tal vez eso de suyo ya sea importante.

BIBLIOGRAFÍA

ATIENZA, M., "Constitucionalismo, globalización y derecho", en *El canon neoconstitucional*, Trotta, Madrid, 2010.

CÁRDENAS GRACIA, J., "*Crítica a la reforma constitucional energética de 2013*", UNAM, México, 2014.

CÁRDENAS GRACIA, J., "*Del Estado absoluto al Estado neoliberal*", UNAM, México, 2017.

ENGLE, M., S., GRIFFITHS, J., TAMANAHA, B., Z., "*Pluralismo jurídico*", Siglo del Hombre editores, Universidad de los Andes, Pontificia Universidad Javeriana, Bogotá Colombia, 2007.

FARIA, J. E., "*El derecho en la economía globalizada*", Trotta, Madrid, 2001.

FERRAJOLI, L., "La crisis de la democracia en la era de la globalización", en *Law and Justice in a global society*, Anales de la Cátedra Francisco Suárez, Granada, 2005.

FERRAJOLI, L., "Es posible una democracia sin Estado" en *Razones jurídicas del pacifismo*, editorial Trotta, Madrid, 2004.

HARVEY, D., "*Breve historia del neoliberalismo*", Akal, Madrid, 2007.

HERNÁNDEZ CERVANTES, A., "*La producción jurídica de la globalización económica*, México", UNAM-Universidad Autónoma de San Luis Potosí-Centro de Estudios Jurídicos y Sociales Mispat, México.

KAPLAN, M., "*Estado y globalización*", IIJ-UNAM, México, 2008.

MUSGRAVE, R., A., "*El futuro de la política fisca*"*l*, Instituto de Estudios Económicos, Madrid, 1980.

NEUMARK, F., "*Principios de la imposición*", Instituto de Estudios Fiscales, Madrid, 1994.

OCDE, "*Declaración sobre el enfoque de dos pilares para abordar los desafíos fiscales derivados de la digitalización de la economía*", OCDE, 2021.

PISARELLO, G., "*Procesos constituyentes. Caminos para la ruptura democrática*", Trotta, Madrid, 2014.

SANTOS, B., "*La globalización del derecho. Los nuevos caminos de la regulación y la emancipación*", Facultad de Derecho de la Universidad de Colombia-ILSA, Bogotá, 2002; y, Faria, José Eduardo, *El derecho en la economía globalizada*, Madrid, Trotta, 2001.

SANTOS, B., "*Sociología jurídica crítica. Para un nuevo sentido común en el derecho*", Trotta, Madrid, 2009.

SANTOS, B., RODRÍGUEZ GARAVITO, C., A., "*El derecho y la globalización desde abajo. Hacia una legalidad cosmopolita*, Barcelona-México", Universidad Autónoma Metropolitana y Anthropos Editorial, México, 2007.

STEGER, MANFRED, B., RAVI, K., R., "*Neoliberalismo. Una breve introducción*", Alianza Editorial, Madrid, 2011.

STIGLITZ, J., E., "*El malestar en la globalización*", Santillana, Madrid, 2002.

TEUBNER, G., "*El derecho como sistema autopoiético de la sociedad global*", Universidad Externado de Colombia, Colombia, 2005.

WILLIAMSON, J., "What Washington Means by Policy Reform", en *Latin American Adjustment: How Much Has Happened*, Peterson Institute for International Economics, Washington, D.C., 1990.

TELLO, C., IBARRA, J., "*La Revolución de los Ricos*", UNAM, México, 2012, p. 45.

POLÍTICA FISCAL Y MEDIDAS LEGISLATIVAS[29]

Eduardo de Jesús Castellanos Hernández[30]

I. INTRODUCCIÓN

El análisis de la propuesta BEPS (Plan contra la erosión de la base imponible y el traslado de los beneficios) de la Organización para la Cooperación y el Desarrollo Económico (OCDE) para enfrentar la evasión fiscal y su aplicación en el sistema fiscal mexicano corresponde sin duda a la evaluación de políticas públicas[31], procedimiento que habitualmente desemboca en propuestas de reforma legislativa. Puesto que se trata de actores y acciones para el desarrollo, no puede dejar de considerarse que "Desde la perspectiva de la economía pública, con otros dispositivos de análisis, se considera que el sector público es un agente económico (donde,

29 Este artículo corresponde a la ponencia presentada en el Seminario *ANÁLISIS DE LA PROPUESTA BEPS DE LA OCDE PARA ENFRENTAR LA EVASIÓN FISCAL Y SU APLICACIÓN EN EL SISTEMA FISCAL MEXICANO*, organizado por el Instituto de Investigaciones Jurídicas, la Facultad de Estudios Superiores Acatlán y la Facultad de Derecho de la Universidad Nacional Autónoma de México.

30 Profesor e Investigador. Licenciado en Derecho (UNAM), Maestro en Administración de Empresas (Universidad Autónoma del Estado de México), doctor en Estudios Políticos (Universidad de París IX, Dauphine), doctor en Derecho (Instituto Internacional del Derecho y del Estado, CdMx); autor de libros de derecho público, privado y social.

31 Roberto Salcedo en su libro *Evaluación de políticas públicas* propone al efecto el siguiente procedimiento: contexto de la política; revisión bibliográfica y documental; preguntas y objetivos; descripción del programa; diseño estadístico; recomendaciones y conclusiones (ob. cit., p. 44). Por su parte, Eugene Bardach propone los siguientes ocho pasos para el análisis de las Políticas Públicas: definición del problema; obtención de la información; construcción de alternativas; selección de criterios; proyección de los resultados; confrontación de costos y beneficios; ¡decida!; cuente su historia (*Los ochos pasos...*, p.14).

por otra parte, el término agente es más usado). Y es un agente económico en la medida que se ha creado para proveer colectivamente bienes y servicios que el mercado no puede suministrar de forma eficiente y/o equitativa y, así, satisfacer las preferencias individuales para la provisión colectiva"[32]. Por lo que tampoco podemos dejar de apreciar el impacto económico de las acciones y omisiones legislativas en la materia y tema que ahora nos ocupa.

En México, en la doctrina administrativa y en la gestión públicas se distingue entre políticas de Estado, políticas de gobierno y políticas públicas[33]. Las políticas de Estado son identificadas como derivaciones o modificaciones de disposiciones de la Constitución General de la República, por lo que tienen como características fundamentales su obligatoriedad en el ámbito de los tres órdenes de gobierno habitualmente reconocidos[34] (federal, local y municipal) y suponen un acuerdo nacional que involucra a las diferentes fuerzas políticas y organizaciones sociales y económicas. En tanto que las políticas de gobierno son ubicadas en un ámbito específico de los tres órdenes ya mencionados y tienen una extensión temporal limitada al periodo para el que fueron electas dichas autoridades. Las políticas públicas, a su vez, suponen un diagnóstico y evaluación de objetivos perfectamente cuantificables para asegurar su pertinencia y resultados[35].

---

32 VIDAL, G., DÉNIZ, J., (Dirs.), "Actores del Desarrollo y Políticas Públicas", Economía, Fondo de Cultura Económica, México, 2012, p. 33.

33 Es la clasificación que a partir de la cita de diversos autores propone Julio Franco Corso en su libro "Diseño de Políticas Públicas. Una guía práctica para transformar ideas en proyectos viables", pp. 83-84.

34 Pues existen disposiciones vinculantes que se generan en otros órdenes de gobierno. El más conocido es el caso de los tratados internacionales u orden supranacional, pero también es el caso de los órdenes de gobierno o acción administrativa metropolitano, conurbado o intermunicipal, así como del nivel submunicipal cuyas disposiciones tienen incluso un reconocimiento constitucional en el caso de los grupos étnicos originarios. Lescieur Talavera, citado en la bibliografía, no considera los niveles de colaboración y coordinación intergubernamental ni el submunicipal.

35 Franco Corso las define como "acciones de gobierno con objetivos de interés público que surgen de decisiones sustentadas en un proceso de diagnóstico y de análisis de factibilidad, para la atención efectiva de

Por su parte, Roberto Moreno Espinosa *et al* en su libro *Rendición de Cuentas. Control parlamentario y políticas públicas en México* sostienen que "La transición y y el desarrollo democrático que ha observado el Estado mexicano a partir de la Reforma Política (RP) de 1977, ha sido palpable en un horizonte temporal que abarca ya cuatro décadas, espacio en el que es posible apreciar una serie de cambios y transformaciones en el régimen político que es esencial para pasar revista y ponderar, a fin de realizar un balance que permita dimensionar los alcances, magnitud y calidad de la democracia mexicana y, en el caso particular que nos ocupa, situar el proceso de desarrollo y papel del control parlamentario, la fiscalización, la transparencia y la rendición de cuentas como factores de relevancia y, puntales fundamentales para brindar seguimiento al ejercicio y aplicación financiera y al desempeño gubernamental para el combate efectivo a la corrupción y al abuso de poder"[36].

En uno y otro tipo de políticas, los instrumentos internacionales tienen cada vez mayor relevancia sobre todo cuando son llevados al ámbito de la legislación interna. Cabe recordar aquí la práctica tradicional hasta hace relativamente poco tiempo, en el sentido de que las disposiciones establecidas en tratados internacionales suscritos por nuestro país, en los hechos, eran aplicadas al interior hasta una vez que aparecían en la legislación nacional. Es un aspecto que me importa apuntar para efecto de las conclusiones y proposiciones que presentaré al final de esta contribución.

La política fiscal en tanto que política pública no solo corresponde a esta hipótesis, sino que por lo mismo tiene que ser evaluada a partir de su coherencia, continuidad e implementación de dichos acuerdos internacionales en la legislación nacional. Más aún si se tiene en cuenta que la economía nacional y la ac-

---

problemas públicos específicos, en donde participa la ciudadanía en la definición de problemas y soluciones", ob. cit., p. 84.

36 MORENO ESPINOSA, R., ESCOBAR ROCA, G., COVARRUBIAS MORENO, Ó., M., (Editores), "RENDICIÓN DE CUENTAS. Control parlamentario y políticas públicas en México", Tirant lo Blanch, Ombudsman y Derechos, Valencia, España, 2019, p. 9.

ción de las empresas nacionales y multinacionales que actúan en el territorio del país se insertan en una economía global; aparentemente es una obviedad, pero no siempre las políticas públicas, de gobierno y de Estado se corresponden con esta obviedad.

La aprobación anual de la Ley de Ingresos y del Presupuesto de Egresos de la Federación, así como de una serie de reformas a las leyes fiscales conocida como "miscelánea fiscal", es una buena oportunidad de poner en práctica en el ámbito nacional las disposiciones internacionales a las que he empezado a referirme; de hecho, como veremos en seguida, así sucede. De ahí la necesidad de estudiar también, o referirse brevemente al menos, al Paquete Económico 2023 que el Ejecutivo envió al Legislativo para su discusión y aprobación. Por lo que habré de aludir a este otro conjunto de documentos para enfatizar en los acuerdos internacionales y sus objetivos, así como su control constitucional.

II. ANTECEDENTES

En su momento el concepto de soberanía permitió definir los alcances y límites de los nuevos Estados nacionales. Henry Kissinger en su libro *Orden Mundial* afirma que "Con el Tratado de Westfalia, el papado había quedado reducido a sus funciones eclesiásticas y reinaba la doctrina de la igualdad soberana. ¿Qué teoría política podría explicar el origen y justificar las funciones del orden político secular? En su *Leviatán*, publicado en 1651, tres años después de la Paz de Westfalia, Thomas Hobbes aportó tal teoría. Imaginó un "estado de naturaleza" en el pasado, donde la ausencia de autoridad suscitó una "guerra de todos contra todos". Para escapar a tamaña inseguridad intolerable, teorizaba, la gente entregaba sus derechos a un poder soberano a cambio de que el soberano proporcionara seguridad para todos dentro de las fronteras del Estado. El monopolio del poder por el Estado soberano fue la única manera de superar el miedo perpetuo a la muerte violenta y la guerra"[37].

---

37 KISSINGER, H., "Orden Mundial. Reflexiones sobre el carácter de los países y el curso de la historia", Penguin Random House Grupo Edito-

En este contexto, aun cuando ya corresponda a la época contemporánea, no está por demás recordar la siguiente afirmación de Barack Obama: "...la política exterior de cada país la rigen sus propios intereses económicos, geográficos y étnicos, sus divisiones religiosas, sus disputas territoriales, sus mitos fundacionales, sus traumas persistentes, sus animosidades ancestrales y, por encima de todo, los imperativos de aquellos que pretendían conservar el poder"[38]. Hay una parte de la política exterior de México y de su política fiscal que, puesto que se inserta ésta en el ámbito internacional, a la que no puede ser ajena esta declaración.

Para continuar a definir el contexto global de la política fiscal nacional es conveniente recordar otras afirmaciones también de Barack Obama respecto a los cinco países que componían el BRICS —Brasil, Rusia, India, China, Sudáfrica—: "Les desagradaba el sobredimensionado papel de Occidente a la hora de dirigir la economía global, y con la crisis vieron una oportunidad de empezar a darle vuelta al guión. Al menos en teoría, podía simpatizar con su punto de vista. Juntos, los países del BRICS representaban al 40 por ciento de la población mundial pero un cuarto del PIB y solo una fracción de su riqueza. Las decisiones que se tomaban en las salas de juntas de las corporaciones en Nueva York, Londres o París muchas veces tenían más impacto en sus economías que las decisiones políticas de sus propios gobiernos. Su influencia en el Banco Mundial y en el FMI seguía siendo limitada, a pesar de las impresionantes transformaciones económicas que habían tenido lugar en China, India y Brasil"[39].

En su descripción del proceso de globalización, Xavier Díez de Urdanivia Fernández sostiene que "Si en el proceso de globalización se ha propiciado la intensificación generalizada de las relaciones entre los seres humanos, borrando fronteras para casi todo efecto práctico y abriendo cauces nunca antes vistos a la comunicación entre los individuos, los grupos, las culturas y tam-

---

rial, México, 2016p. 42.

38 OBAMA, BARACK, "Una Tierra Prometida", Penguin Random House Grupo Editorial, México, 2020, p. 542.

39 Obama, ob. cit., p. 405.

bién entre las instituciones, las primeras en beneficiarse de esas ventajas fueron, entre las últimas, aquellas que suelen intervenir en la economía"[40].

Todavía considerando como base de la organización global al Estado nacional, Luis Ponce de León sostiene que "La Nueva Organización Política de la Humanidad, implica el establecimiento del Estado Universal del Derecho y una reorientación de todas las modalidades de organización política que hemos logrado hasta la fecha como el Estado comunitario constituido por bloques políticos y económicos como la Comunidad Europea y las comunidades derivadas del Pacto Andino, del Tratado de Libre Comercio de Norteamérica, etc., se requiere también en consecuencia la reorientación del Estado-Nación o país para acentuar su fuerza soberana para el impulso de cambios trascendentes en búsqueda de una mejor convivencia humana"[41].

Concluyo este acápite recordando a mi profesor en la Universidad de París Dauphine, Jacques Attali, cuando se refiere al futuro de los sistemas complejos globales de la siguiente forma: "El mercado, un sistema complejo compuesto por los millones de habitantes del planeta, no es el único sistema complejo global. Por otro lado, la crisis actual debería ser, como mínimo, la ocasión para tomar conciencia de que la interdependencia de millones de habitantes del planeta y de miles de millones de máquinas reagrupadas en sistemas complejos se ha vuelto prácticamente irreversible"[42]. Desde luego que las políticas fiscales a que aquí me refiero se encuentran insertas en ese sistema complejo que es la economía de mercado en la globalización.

Puesto que nos encontramos en la construcción de la etapa postsoberanía de la sociedad global, uno de los múltiples aprendizajes que ha tenido que darse sobre la evolución de las leyes fis-

40 DÍEZ DE URDANIVIA FERNÁNDEZ, X., "El Estado en el contexto global", Editorial Porrua, Universidad Anáhuac México Norte, México, 2008, p. 196.

41 Ponce de León, Armenta, Luis, *Modelo Trans-universal del Derecho y del Estado*, p. 225.

42 ATTALI, J., "¿Y después de la crisis qué....? Propuestas para una nueva democracia mundia"l, Gedisa, Barcelona, España, 2009, p. 144.

cales nacionales es que no siempre siguen el mismo ritmo que el desarrollo de las empresas globales o la economía digital, abriendo brechas que pueden ser explotadas para generar la doble no imposición, a partir de aprovechar los mecanismos que protegen a personas y empresas de la doble tributación. Luego entonces es necesario encontrar los cauces institucionales, constitucionales en el caso de México, para asumir esta etapa postsoberanía, adecuarse a ella y obtener el mayor provecho posible a partir de este nuevo enfoque.

III. OBJETIVOS DE LA OCDE

Como consecuencia de las acciones realizadas para disminuir la base imponible en las empresas multinacionales (EM), la Organización para la Cooperación y el Desarrollo Económicos (OCDE) se planteó la necesidad y el propósito de prevenir la elusión fiscal internacional configurando, mediante la colaboración multilateral, una reglamentación que contribuya a la correcta recaudación en la fuente donde se originó la riqueza, nombrándole *Plan contra la erosión de la base imponible y el traslado de los beneficios* (BEPS), cuyo estudio se vuelve necesario para conocer y evaluar su impacto en la legislación nacional.

Becerra Peña *et al*[43] explican este fenómeno económico de la siguiente manera: "La discrepancia o insuficiencia fiscal involucra directamente una erosión en la base gravable y el traslado de beneficios de las empresas multinacionales (em) al realizar prácticas indebidas que consiguen reportar una menor o nula imposición".

"Estas em se someten a prácticas donde se ha reconocido que cambian sus modelos de negocios de un solo país a modelos de negocios mundiales. El envío de la riqueza es una de las maneras de llamar a la elusión fiscal internacional que ha persistido y cobrado relevancia en la última década por parte las em, dicha

43 Artículo consultado en Internet. La referencia se detalla en la bibliografía.

traslación consiste en el envío de las utilidades creadas por las empresas hacia una potestad fiscal más favorable, a esto se le conoce como erosión de la base gravable."

Los organismos internacionales que intervienen en el diseño, implementación y evaluación del Plan BEPS son los siguientes:

- Organización para el Crecimiento y el Desarrollo Económico
- Fondo Monetario Internacional
- Banco Mundial
- Organización de las Naciones Unidas
- Grupo de los 20
- CIAT (Centro Interamericano de Administraciones Tributarias)

Las quince acciones del Plan BEPS[44]

Acción 1, *Abordar los retos de la economía digital.* Objetivo: identificar y abordar de manera holística los principales problemas que la economía digital implica para la normatividad fiscal internacional.

Acción 2, *Neutralizar los efectos de los mecanismos híbridos.* Objetivo: desarrollar recomendaciones en el modelo de tratados y diseñar normas locales que neutralicen instrumentos y entidades híbridas.

Acción 3, *Refuerzo de la normatividad fiscal sobre CFC.* Objetivo: identificar y homologar el tratamiento fiscal sobre las corporaciones extranjeras controladas (CFC, por sus siglas en inglés).

Acción 4, *Deducciones por intereses y otros pagos financieros.* Objetivo: definir mejores prácticas para prevenir la erosión de la base por gastos de intereses y otros pagos financieros.

Acción 5, *Combatir las prácticas fiscales perjudiciales, considerando la transparencia y la sustancia.* Objetivo: incrementar la transparencia y la sustancia para atacar prácticas fiscales perju-

---

44 Consultar: Pacheco Olguín Emmanuel, Vega Sandoval Roger, *Las quince acciones del Plan BEPS*, marzo 2017. Documento consultado en Internet.

diciales, así como sustentar la actividad sustancial desde un enfoque de propiedad intelectual.

Acción 6, *Impedir la utilización abusiva de tratados.* Objetivo: emitir recomendaciones para el diseño de normatividad local que impida gozar los beneficios de los tratados en circunstancias inapropiadas.

Acción 7, *Impedir la elusión artificial de la figura de Establecimiento Permanente (EP).* Objetivo: implementar cambios a la definición de EP para prevenir abusos.

Acciones 8-10, *Alinear los resultados de precios de transferencia con la creación de valor.* Objetivo: identificar e implementar cambios a las de las directrices de precios de transferencia para fortalecer y aclarar la aplicación del principio de plena competencia, atendiendo a la sustancia económica en las operaciones y a aquellas actividades que generan valor.

Acción 11, *Evaluación y seguimiento BEPS.* Objetivo: atender al desafío que implica la medición de los impactos económicos y efectividad de la implementación de las acciones BEPS, establece metodologías para obtención y procesamiento de datos BEPS.

Acción 12, *Reglas de revelación obligatoria.* Objetivo: delinear un marco que permita a las autoridades fiscales allegarse de información sobre esquemas de planeaciones fiscales agresivas o abusivas.

Acción 13, *Documentación de precios de transferencia.* Objetivo: proporciona estándares de documentación para efectos de precios de transferencia, incluye tres reportes (archivo maestro, archivo local y reporte país por país), así como formatos y guías de implementación.

Acción 14, *Mecanismos de resolución de controversias.* Objetivo: fortalecer la eficacia y eficiencia de los mecanismos para la resolución de conflictos en la interpretación y/o aplicación de convenios.

Acción 15, *Desarrollar un instrumento multilateral que modifique los convenios fiscales bilaterales.* Objetivo: agilizar y simplificar la implementación de las medidas BEPS establecidas en los tratados fiscales.

IV. REGLAS MODELO

El 20 de diciembre de 2021, la Organización para la Cooperación y Desarrollo Económicos (OCDE) dio a conocer las reglas modelo GloBE (Reglas Modelo) para la implementación del Pilar 2, en relación con el denominado Proyecto BEPS 2.0 del Marco Inclusivo de la OCDE y G20[45].

Lo que empezó en el 2019 como una desviación del trabajo del Marco Inclusivo respecto del diseño de un régimen fiscal enfocado en la economía digitalizada (Pilar 1), ahora está tomando más velocidad con las reglas del Pilar 2, considerando que se espera que se implementen (parcialmente) en el 2023.

El propósito de las Reglas Modelo del nuevo régimen GloBE es que se incorporen en la legislación doméstica de los 137 países que han aprobado el proyecto, entre los cuales está México.

Criterios Generales de Política Económica[46]

Para la iniciativa de Ley de Ingresos y el proyecto de Presupuesto de Egresos de la Federación correspondientes al ejercicio fiscal de 2023 se tuvieron en cuenta las propuestas del Plan BEPS, como puede apreciarse en las citas que se transcriben a continuación:

Principales medidas del proyecto BEPS (Base Erosion and Profit Shifting) de la OCDE (p. 75)

Revelación de esquemas reportables (Acción 12 BEPS) En los últimos años proliferaron despachos de asesores fiscales que ofrecen planeaciones agresivas para que las empresas paguen menos impuestos de los que legalmente les corresponden. Se estableció la obligación para esos asesores de transparentar las prácticas abusivas que ofrecen a sus clientes.

Neutralizar los efectos de mecanismos híbridos (Acción 2 BEPS) Algunas empresas multinacionales reducen sus impuestos mediante pagos a empresas del mismo grupo corporativo que

45 Datos obtenidos del documento consultado en Internet correspondiente a Ernst & Young Global Limited (EYG).

46 Fuente: Gaceta Parlamentaria, jueves 8 de septiembre de 2022.

operan en paraísos fiscales. Por ello, se han tomado medidas para que dichas transacciones no sean utilizadas para deducir impuestos; asimismo, se está trabajando en combatir la duplicidad de deducciones entre países.

Limitar la erosión de la base por la vía de intereses (Acción 4 BEPS) Una práctica de elusión son los préstamos entre empresas de un mismo grupo, ya que hasta 2019 se podía deducir el pago de intereses sin límite alguno. Se estableció el límite de 30% de las utilidades para la deducción del pago de intereses

En este contexto cabe agregar que el artículo 93 constitucional establece la obligación de los secretarios del despacho de dar cuenta al Congreso del estado que guarden sus respectivos ramos. Por lo que es de desearse que en las habituales comparecencias ante las cámaras del Congreso de la Unión, y sus comisiones legislativas, del Secretario de Hacienda y Crédito Público, del secretario de Relaciones Exteriores y de la Secretaria de Economía informen de manera puntual sobre el grado de avance en la implementación del *Plan contra la erosión de la base imponible y el traslado de los beneficios* (BEPS) en la legislación nacional.

INICIATIVA DE LEY DE INGRESOS. Artículo octavo transitorio.

Se transcribe una parte de esta disposición para identificar la utilidad y pertinencia del Seminario en el que se presenta esta contribución.

"En el ejercicio fiscal de 2023, la Secretaría de Hacienda y Crédito Público a través del Servicio de Administración Tributaria deberá publicar estudios sobre la evasión fiscal en México. En la elaboración de dichos estudios deberán participar instituciones académicas de prestigio en el país, instituciones académicas extranjeras, centros de investigación, organismos o instituciones nacionales o internacionales que se dediquen a la investigación o que sean especialistas en la materia. Sus resultados deberán darse a conocer a las Comisiones de Hacienda y Crédito Público de ambas Cámaras del Congreso de la Unión, a más tardar 35 días después de terminado el ejercicio fiscal de 2023 (énfasis agregado)".

Sin duda alguna la publicación del libro en el que se da cuenta de los trabajos del seminario universitario, así como en su momento la realización de éste, corresponden puntualmente a dicho objetivo institucional expreso.

V. EVALUACIÓN LEGISLATIVA

En diversos trabajos publicados he planteado el propósito y la metodología para la evaluación integral de la norma y del ordenamiento jurídico, tanto como política pública que como técnica legislativa[47]. Se trata de una propuesta para lograr una evaluación objetiva y rigurosa de la pertinencia, viabilidad y utilidad constitucional, legislativa, técnica, política y socioeconómica de una reforma legal o de la emisión de un nuevo ordenamiento normativo. Se trata de unificar los instrumentos de evaluación de las políticas públicas, algunos de los cuales se mencionan en este artículo, con los instrumentos de evaluación de la pertinencia, viabilidad y utilidad de las iniciativas de ley o de reformas de ley.

Señalo al efecto que dichas iniciativas de reforma pueden surgir de cualquiera de los siguientes hechos: 1. Reformas a la Constitución Política de los Estados Unidos Mexicanos. 2. Programa de gobierno pactado para la formación de un gobierno de coalición o propuestas para evitar su disolución. 3. Cumplimiento mediato o inmediato de una sentencia dictada por alguna corte internacional con jurisdicción vinculante aceptada por México. 4. Por una declaración general de inconstitucionalidad o por el informe previo a ésta. 5. Cumplimiento de o congruencia con instrumentos internacionales suscritos y ratificados por México 6. Regulación de políticas públicas cuyo diseño surja o se derive de los planes y programas de desarrollo previstos en la ley de la materia. 7. Concertación política al margen de los canales institucionales por los que se definen las políticas públicas. 8. Cumplimiento de los documentos básicos de los partidos políticos o de las plataformas

47 Consultar: Castellanos Hernández, Eduardo de Jesús, *Técnica Legislativa, Control Parlamentario y Gobiernos de Coalición*, pp. 153-197, así como la contribución del mismo autor en Moreno Espinosa, Roberto et al, *RENDICIÓN DE CUENTAS. Control parlamentario y políticas públicas en México*, pp. 329-364.

electorales de sus candidatos. 9. Problemas, conflictos o demandas sociales, estructurales o coyunturales, cuya atención requiera una regulación o la actualización de la vigente. 10. Asimilación nacional de tendencias, estándares o recomendaciones internacionales de regulación normativa. 11. Dar forma de ley a criterios, vinculantes o no, de los tribunales jurisdiccionales. 12. Necesidad de actualización advertida en la aplicación de la ley. 13. Creatividad. Mimetismo, recreación, costumbre o protagonismo de los autores o promotores, sea o no necesaria la regulación propuesta.

El análisis de los procedimientos legislativos y el estudio de un caso específico me permitieron plantear una forma o metodología de evaluación *ex ante*, *in itinere* y *ex post* para el caso del proceso legislativo. Los elementos básicos de dicha metodología están desarrollados de manera implícita en la presente contribución y permiten transitar de manera natural al siguiente acápite.

VI. CONCLUSIONES Y PROPUESTA

La sociedad global se sustenta en los Estados nacionales, incluso el aspecto económico global requiere y recurre necesariamente a la noción de Estado Nación para cumplir sus objetivos de crecimiento, desarrollo y redistribución del ingreso. La imposición fiscal es un elemento clave para asegurar la redistribución del ingreso, no solamente para materializar la contraprestación por el conjunto de servicios que el Estado ofrece a los contribuyentes, particularmente a las grandes empresas nacionales o transnacionales.

Las medidas contables que las empresas hacen valer para eludir sus obligaciones fiscales afectan por igual a las sociedades industrializadas y en desarrollo, y disminuyen la recaudación fiscal tanto de los gobiernos de las grandes potencias económicas mundiales como de países subdesarrollados. Es por ello que uno y otro tipo de gobiernos se interesan igualmente por encontrar medidas útiles para disminuir la erosión fiscal.

Pero toda vez que las economías en desarrollo compiten entre ellas para captar inversión extranjera, es de suponerse que puedan llegar a considerar como parte de sus políticas públicas nacionales reducir su capacidad de gestión impositiva. Por eso es importante y útil aprovechar los foros internacionales como el Plan BEPS para que la uniformidad internacional en la exigencia de obligaciones fiscales se extienda por todos los países, desarrollados y subdesarrollados; a efecto de regular tanto a las empresas nacionales como a las multinacionales.

Pero puede suceder también, que las diversas fuerzas políticas que compiten por el poder estatal al interior de un Estado nacional consideren, como parte de su estrategia de captación de la voluntad popular en su favor, hacer menos imperativa su exigencia de obligaciones fiscales para las grandes empresas. De tal suerte que en el debate nacional sobre las políticas públicas en materia fiscal y su actualización legislativa, reitero, el marco internacional que ofrece el Plan BEPS tiene la utilidad de unificar y establecer objetivos, metas y estrategias de combate a la erosión fiscal comunes al interés y reivindicaciones de todas las fuerzas políticas nacionales.

En el caso de México, como se desprende de lo expresado en líneas anteriores, la instrumentación de los objetivos de la OCDE respecto al Plan BEPS recorre gobiernos provenientes de diversas fuerzas políticas. Pero aun así es importante propiciar una mayor uniformidad y eficacia. Es por ello que propongo asumir la experiencia adquirida en materia de protección y defensa de los derechos humanos y aplicarla al caso de la economía global.

Es fácil recordar que, en la segunda mitad del siglo XX, el Estado Mexicano suscribió un gran número de tratados internacionales destinados a proteger derechos humanos de diversos grupos sociales y de las personas en general. Sin embargo, no fue sino a partir de la reforma constitucional del 10 de junio de 2011 cuando se empezaron a invocar en todo tipo de procesos judiciales y jurisdiccionales los tratados internacionales en materia de derechos humanos para solicitar su aplicación directa.

La etapa de suscripción de tratados internacionales en materia económica y de regulación comercial e impositiva alcanzó su momento culminante con la suscripción del Tratado de Libre Comercio para América del Norte y su posterior actualización como Tratado México, Estados Unidos, Canadá. Pero en la práctica judicial y jurisdiccional, a pesar del precedente en materia de derechos humanos ya apuntado, se continúa con la tradición de esperar a que los instrumentos internacionales en esta otra materia queden plasmados en la legislación interior para poder ser invocados y tenidos en cuenta en la fundamentación de las resoluciones correspondientes, a fin de que adquieran su plena eficacia.

Es por todo ello que me permito proponer en sede académica una reforma constitucional que asegure la plena vigencia de los tratados internacionales en materia económica, particularmente en materia de libre comercio e imposición fiscal. Esta nueva disposición constitucional podría ser ubicada en un segundo párrafo del artículo 133 de la Ley Fundamental en el que se establezca que: "Las normas relativas a las materias económica, de libre comercio e imposición fiscal se interpretarán de conformidad con esta Constitución y con los tratados internacionales de la materia".

BIBLIOGRAFÍA

ATTALI, J., "*¿Y después de la crisis qué....? Propuestas para una nueva democracia mundia*"l, Gedisa, Barcelona, España, 2009.

BARDACH, E., "*Los ocho pasos para el análisis de Políticas Públicas. Un manual para la práctica*", Porrúa, CIDE, México 2008.

BECERRA PEÑA, D., L., WENCE DELGADILLO, S., I., GUTIÉRREZ MORENO, P., "*Acciones fiscales en México en torno al cumplimiento de las acciones del Plan erosión de la base imponible y el traslado de beneficios de la OCDE*", Universidad de Guadalajara, México, 2021.

CASTELLANOS HERNÁNDEZ, E., "*Técnica Legislativa, Control Parlamentario y Gobiernos de Coalición*", Editorial Flores, Instituto Internacional del Derecho y del Estado, México, 2018.

DÍEZ DE URDANIVIA FERNÁNDEZ, X., "*El Estado en el contexto global*", Editorial Porrua, Universidad Anáhuac México Norte, México, 2008.

FRANCO CORSO, J., "*Diseño de Políticas Públicas. Una guía práctica para transformar ideas en proyectos viables*", IEXE Editorial, México, 2017.

KISSINGER, H., "*Orden Mundial. Reflexiones sobre el carácter de los países y el curso de la historia*", Penguin Random House Grupo Editorial, México, 2016.

LESCIEUR TALAVERA, J., M., *Subsistemas jurídicos del siglo XXI en México*, LXII Legislatura, Cámara de Diputados, Centro de Estudios de Derecho e Investigaciones Parlamentarias, México, 2015.

MORENO ESPINOSA, R., ESCOBAR ROCA, G., COVARRUBIAS MORENO, Ó., M., (Editores), "*RENDICIÓN DE CUENTAS. Control parlamentario y políticas públicas en México*", Tirant lo Blanch, Ombudsman y Derechos, Valencia, España, 2019.

OBAMA, BARACK, "*Una Tierra Prometida*", Penguin Random House Grupo Editorial, México, 2020.

PONCE DE LEÓN ARMENTA, L., "*Modelo Trans-universal del Derecho y del Estado*", Editorial Porrúa, México 2015.

SALCEDO, R., "*Evaluación de políticas públicas*", Biblioteca Básica de Administración Pública, Siglo XXI Editores, México, 2011.

VIDAL, G., DÉNIZ, J., (Dirs.), "*Actores del Desarrollo y Políticas Públicas*", Economía, Fondo de Cultura Económica, México, 2012.

MEDIDAS LEGISLATIVAS PARA QUE LA POLÍTICA DE LOS BEPS[48] ADQUIERA RANGO POSITIVO EN MÉXICO

Arturo Lara Martínez[49]

I. INTRODUCCIÓN

El presente artículo recupera las ideas expuestas en la plática dentro del foro *Análisis de la Propuesta BEPS de la OCDE para enfrentar la Evasión Fiscal y su Aplicación en el Sistema Fiscal Mexicano*, organizado por la Oficina de la Abogacía General, por el Instituto de Investigaciones Jurídicas de la UNAM y por la Facultad de Estudios Superiores-Acatlán, los días 21 veintiuno y 22 veintidós de septiembre de 2022 dos mil veintidós.

La eliminación de la doble imposición a través de normas de tributación internacional fue un acuerdo entre países con la intención de mejorar y favorecer la economía mundial; sin embargo, con el paso del tiempo, las mismas normas han fomentado la posibilidad de elusión o reducción de imposiciones. Esto ha sido el resultado de la interacción entre los diversos sistemas fiscales del mundo, del estancamiento de las normas tributarias inter-

48 Por sus siglas en inglés según su acrónimo "*Base Erosion and Profit Shifting*".

49 Doctor en Derecho del Programa Interinstitucional en Derecho de la Región Centro Occidente de ANUIES (DID), Maestro en Derecho Constitucional y Amparo por la Universidad Iberoamericana León, Maestro en Dirección y Gestión Pública Local, con título expedido por la Universidad Carlos III de Madrid, Especialista en Notaría Pública y Licenciado en Derecho por la Universidad de Guanajuato. Actualmente Presidente de la Asociación Mexicana de Justicia Constitucional y Magistrado Propietario de la Sala Especializada del Tribunal de Justicia Administrativa del Estado de Guanajuato.

nacionales, de la actual economía mundial y de las prácticas empresariales; en particular en el ámbito de los bienes intangibles y en el desarrollo de la economía digital; pues en su conjunto, han dado lugar a lagunas legislativas que permiten a las empresas multinacionales disminuir su carga tributaria, imposibilitando el crecimiento económico y perjudicando con ello a los gobiernos. Dicha situación, aunada a la preocupación de los países por la planificación fiscal agresiva, es por la que la OCDE emitió el *Plan de Acción contra la Erosión de la Base Imponible y el Traslado de Beneficios.*

II. DESAFÍOS Y RECOMENDACIONES PARA ATENDER LA PROBLEMÁTICA BEPS

Antes de abordar las medidas legislativas que se sugieren para que la política BEPS adquiera rango positivo en México, considero importante identificar las problemáticas a afrontar para lograr dicho objetivo. Por ende, del análisis que se hace a los diversos informes realizados por la Organización para la Cooperación y el Desarrollo Económico (OCDE)[50] para atender la erosión de las bases y la transferencia de beneficios, se detallan los siguientes desafíos y se proponen las siguientes recomendaciones:

Desafíos.

- Los países desde su libertad de imponer cargas contributivas a la inversión y el comercio internacional, deben evitar afectar de manera indirecta la inversión nacional.
- Las actividades económicas internacionales pueden no gravarse o quedar insuficientemente gravadas, debido a las lagunas existentes ocasionadas, ya sea por la interacción de distintos sistemas impositivos, o bien, derivadas de tratados de doble imposición.

---

50 OCDE «Lucha contra la erosión de la base imponible y el traslado de beneficios», [en línea], (2013), <https://read.oecd-ilibrary.org/taxation/abordando-la-erosion-de-la-base-imponible-y-la-deslocalizacion-de-beneficios_9789264201224-es#page1> [consulta: 03/01/22]

- Evitar que la normatividad vigente continúe permitiendo la elusión fiscal.
- Generar coherencia y coordinación en la legislación internacional dado que las medidas unilaterales fomentan la doble imposición o su exención.
- El derecho internacional es *soft law*. "*La expresión soft law busca describir la existencia de fenómenos jurídicos caracterizados por carecer de fuerza vinculante —aunque no carentes de efectos jurídicos— o, al menos, con cierta relevancia jurídica*"[51].
- Los estudios basados en los tipos impositivos nominales y efectivos, no permiten concluir con total seguridad, la magnitud de la problemática relativa a la erosión de la base y el traslado de beneficios.
- Las guaridas fiscales: "*a) permiten a las empresas multinacionales asignar artificialmente ingresos a las jurisdicciones de menor tributación en perjuicio de la recaudación fiscal en el país de la fuente de los ingresos, lo cual crea una situación de injusticia por permitir que las grandes corporaciones y las fortunas alojadas en guaridas fiscales paguen menos impuestos que las empresas y los ciudadanos sujetos a legislaciones nacionales; b) fomentan el juego no cooperativo que lleva a la reducción de impuestos y a debilitar la regulación para atraer capitales, al crear incentivos para su fuga y para la evasión tributaria; c) crean riesgo sistémico al alojar a inversores internacionales no sujetos a regulación o monitoreo que invierten masivamente en actividades especulativas, así como a los "fondos buitres"; d) facilitan el desarrollo de actividades ilícitas como el narcotráfico, lavado de dinero y financiamiento al terrorismo; y e) debilitan el potencial recaudador del fisco, en particular en países en desarrollo*

51 DEL TORO HUERTA, M., i,. «El Fenómeno del Soft Law y las Nuevas Perspectivas del Derecho Internacional», (2006) <https://revistas.juridicas.unam.mx/index.php/derecho-internacional/article/view/160/256> [consulta:11/01/23].

que tienen sistemas fiscales más débiles, lo que afecta su capacidad de movilizar recursos domésticos para generar políticas de desarrollo e inclusión social"[52].

- *La falta de regulaciones internacionales para la reestructuración de deudas soberanas ha facilitado el accionar predatorio de estos fondos. El tratamiento de todos estos temas ha sido muy resistido por los centros financieros, por lo que los avances resultarán difíciles*[53].
- La existencia de regímenes preferentes perjudiciales. Se considerará que los ingresos están sujetos a un régimen fiscal preferente cuando el impuesto sobre la renta efectivamente causado y pagado en el país o jurisdicción de que se trate sea inferior al impuesto causado en México por la aplicación de una disposición legal, reglamentaria, administrativa, de una resolución, autorización, devolución, acreditamiento o cualquier otro procedimiento, tal y como lo dispone el artículo 176 de la Ley del Impuesto sobre la Renta.

Recomendaciones

- Es preciso estudiar a fondo cómo se relacionan los sistemas tributarios de los distintos países, con el propósito de eliminar los obstáculos a la inversión y al comercio transfronterizos, así como para reducir la exención involuntaria.
- Es necesaria la colaboración entre países con los siguientes propósitos: primero, para lograr que las legislaciones de los distintos países sean coherentes entre sí. El segundo, para proteger la soberanía impositiva de cada miembro de la comunidad internacional, ello con la finalidad de evitar la doble tributación y a la vez la exención.

---

52 VARIOS «El G20 y los Resultados de la Reunión Cumbre de los Cabos», [en línea], (2013), <chrome-extension://efaidnbmnnnibpcajpcglclefindmkaj/https://cancilleria.gob.ar/userfiles/ut/g20.pdf> [consulta:11/01/23].

53 Ibidem.

- Con la finalidad de obtener información clave (sobre los contribuyentes y sobre la efectividad en las estrategias recaudatorias) es necesario el intercambio de información confidencial entre países.
- Implementar mecanismos y normas para la detección temprana de la planificación fiscal agresiva.
- Crear normas de disuasión, detección y respuesta que logren regularizar el comportamiento de los contribuyentes y auxilien en la disminución de estrategias fiscales agresivas.
- Es menester que las administraciones tributarias mejoren sus herramientas para estar en posibilidad de detectar la erosión de las bases y la transferencia de beneficios a otros países.
- Hay un desfase entre las estrategias recaudatorias y las actividades productivas, toda vez que estas últimas han evolucionado con apoyo de la tecnología; por ello es necesario que las herramientas impositivas evolucionen a la par de los avances tecnológicos y las actividades productivas.
- Se recomienda llevar a cabo consultas con representantes de las empresas y de la sociedad civil, a fin de que se tengan en cuenta las opiniones de las partes interesadas. Ello permitirá un mayor consenso y conformidad con las actividades recaudatorias.
- Es necesario que las empresas cuenten con mecanismos que les ayuden a evaluar y prevenir los riesgos financieros; así como implementar lineamientos que fortalezcan sus políticas internas y su relación con las autoridades hacendarias con la finalidad de cumplir con sus obligaciones.
- Las normas tributarias tienen la reputación de ser obscuras y complejas, circunstancia que dificulta su observancia. De ahí que sea necesario crear hipótesis normativas impositivas, claras, transparentes y de fácil observancia.

III. MEDIDAS LEGISLATIVAS IMPLEMENTADAS EN MÉXICO RESPECTO A BEPS

La Maestra Doris Teresita Mendoza López, en su estudio denominado Incorporación del Derecho Internacional Tributario al Derecho Nacional; Las Medidas del Plan de Acción OCDE/G20 para corregir asimetrías entre Legislaciones Fiscales, refiere que: "*cuando las normas internacionales buscan efectos jurídicos en el derecho nacional, es decir, aplicarse a ciudadanos o residentes dentro de algún territorio o jurisdicción, será necesario incorporarlas en el ordenamiento estatal*"[54].

La misma autora también señala que en el estado mexicano, por mandato constitucional, las normas internacionales se convierten en derecho interno; por así señalarlo el artículo 133 de la Constitución Política de los Estados Unidos Mexicanos. Y concluye que, "*habida cuenta del procedimiento de adhesión de actos normativos de organismos internacionales, acorde con el acuerdo constitutivo de la OCDE y su reciente publicación de normas sobre fiscalidad, México ha integrado las medidas desarrolladas para la corrección de asimetrías en legislaciones tributarias tales como la Ley del Impuesto sobre la Renta, en su reglamento, y en el Código Fiscal de la Federación*"[55].

Así pues, a través de las reformas a dicha normativa fiscal, México ha implementado el proyecto BEPS para enfrentar la problemática de la erosión de la base imponible y el traslado de beneficios con la finalidad de transparentar y acrecentar la tributación y el pago de impuestos por parte de grupos empresariales multinacionales e incluso, la OCDE ha reconocido a México como uno de los principales países en Latinoamérica en acatar las recomendaciones de este proyecto.

---

54 MENDOZA LÓPEZ, D., T,. «Incorporación del Derecho Internacional Tributario al Derecho Nacional; Las Medidas del Plan de Acción OCDE/G20 para corregir asimetrías entre Legislaciones Fiscales.», [en línea], (2017), < https://www.redalyc.org/articulo.oa?id=42751409010> [consulta: consulta: 30/12/22]

55 Ibidem.

No obstante lo anterior, los resultados no han sido del todo favorables, pues la OCDE también ha emitido resúmenes ejecutivos en los que, aún después de las reformas implementadas, se califica a México como uno de los países que menos recaudación logra, esto derivado de que su recaudación tributaria como porcentaje del PIB de México en 2020 fue del 17.9%, porcentaje que estuvo por debajo del promedio de América Latina y el Caribe (21.9%) y por debajo del promedio de la OCDE (33.5%)[56].

Por otra parte, algunos países, entre ellos México, se han visto en la necesidad de coaccionar la colaboración del sector privado para que aporten su contribución a las finanzas públicas y se ajusten tanto al texto como al espíritu de las leyes y los reglamentos tributarios de los países en los que desarrollan su actividad, por lo que el legislador se ha visto incentivado para incluir en la ley los programas de *compliance* y de ética empresarial, en aras de incentivar un ambiente de responsabilidad empresarial.

El *compliance* es la función independiente que exige a ciertas personas, físicas o morales, a crear un programa que identifique, asesore, alerte, monitoree y reporte riesgos de sanciones, riesgos de pérdidas financieras y riesgos de pérdida de reputación que se producen por inobservancia de leyes, regulaciones, códigos de conducta y estándares de buenas prácticas.

En ese sentido, para combatir las prácticas y los actos ilegales que pueden afectar el intercambio comercial y la inversión entre los estados parte, es indispensable que exista el compromiso en los sectores público y privado para promover la integridad; es por ello que en el ámbito internacional se han implementado herramientas con el objeto de hacer más amables las relaciones comerciales; siendo un reflejo de esto el T-MEC, instrumento que se creó con la finalidad de modernizar el Tratado de Libre Comercio de América del Norte (TLCAN) que estuvo vigente desde 1994.

En la legislación nacional —específicamente en el Código Nacional de Procedimientos Penales—, se introdujo el ejercicio de

56 *OCDE «Estadísticas tributarias en América Latina y el Caribe 2022-México», [en línea], (2022), <https://www.oecd.org/tax/tax-policy/estadisticas-tributarias-america-latina-caribe-mexico.pdf> [consulta:11/01/23]*

la acción penal para personas morales por los delitos cometidos por un miembro o representante de una persona jurídica con los medios que para tal objeto le haya proporcionado dicha persona, como se advierte del artículo 421 del Código Nacional de Procedimientos Penales y, aunque dicho Código no establezca una reducción de la pena frente a personas jurídicas con programas de *compliance*, es obvio que la simple posibilidad de ser acreedores a una sanción de esa índole, motivará a las empresas a cuidar el actuar de sus trabajadores cuando representen a la persona moral, y una manera de hacer esto, es mediante los programas de *compliance*.

Por lo que respecta al *compliance* administrativo, la Ley General de Responsabilidades Administrativas también establece sanciones para personas morales, las cuales pueden ir desde una sanción pecuniaria hasta la disolución de la empresa.

No obstante, el establecimiento de dicho sistema de responsabilidades para personas morales no es la única fuente del derecho disciplinario que estructura la necesidad de programas de *compliance* administrativos, sino que estos programas están expresamente reconocidos en los artículos 24 y 25 de dicha Ley General.

IV. ÁREAS DE OPORTUNIDAD EN LA IMPLEMENTACIÓN DE LA POLÍTICA BEPS

Para que acciones multilaterales —como la línea de acción propuesta por la OCDE— y nacionales arrojen resultados cada vez más consistentes, es necesario que:

- Exista compromiso y paridad en las acciones asumidas entre los Estados involucrados. Paradójicamente, que un país asuma un rol más activo en líneas de acción como las propuestas por la OCDE, puede dejarlo en un estado de vulnerabilidad si los países con los que se encuentra comercialmente relacionado, no actúan de manera similar;
- Diversas acciones propuestas por la OCDE implican el establecimiento de una cultura de transparencia empresarial, por ejemplo, es necesario que la legislación tribu-

taria, penal, administrativa y mercantil, se encuentren vinculadas; conminando a las empresas de toda índole a actuar con pulcritud en sus actividades;

- El 27 de mayo de 2015, se publicó en el Diario Oficial de la Federación la reforma que creó al Sistema Nacional Anticorrupción. Esta reforma rompió paradigmas, ya que reconoció que no sólo la administración pública era generadora de actos de corrupción, sino que también eran protagonistas de este fenómeno las personas físicas o morales, nacionales e internacionales. Por ello, se consideró pertinente que se implementaran en la normativa atingente, políticas de integridad de las empresas, que derivaran en un comportamiento ético.

  Actualmente, ya existen en nuestro contexto legal algunas disposiciones al respecto, como el capítulo 27 del T-MEC; la legislación penal y el artículo 27 de la Ley General de Responsabilidades Administrativas. Empero, no determinan un mecanismo mediante el cual una autoridad competente, federal o estatal, pueda validar el contenido, suficiencia y objetividad de los instrumentos que integran los programas de *compliance*. Por lo tanto, éstas siguen siendo disposiciones muy generales, razón por la que es apremiante llevar a cabo acciones legislativas concretas en el ramo fiscal, exigiendo a las empresas de toda índole el apego a una política de integridad tributaria, y estableciendo sanciones ante su inobservancia.

- Implementar un perfil de riesgo fiscal para los contribuyentes y, a partir de ello, organizar un proceso tributario en donde se asignen recursos basados en el riesgo identificado; ello permitirá asignar recursos para tareas de control y vigilancia dirigidas a contribuyentes de alto riesgo. En el caso de contribuyentes que se comportan de manera transparente y representan un riesgo menor, las autoridades fiscales deben adoptar un enfoque más cooperativo.

- Se apuntó anteriormente, que México era uno de los países que había actuado con entusiasmo en el proyecto de la OCDE, y que, aun así, no ha logrado una recaudación convincente. Luego entonces, es necesario que las estrategias gubernamentales apunten a una mejora a las actividades administrativas de revisión y recaudación fiscales, y no sólo a las legislativas.

V. CONCLUSIÓN

Sin duda, la meta del gobierno mexicano y de la OCDE es una recaudación justa y equitativa entre las naciones, por lo que se vuelve fundamental que las empresas multinacionales cumplan con todos los requisitos y obligaciones que marcan las leyes de cada país y, a su vez, colaboren con la correcta aplicación del Plan BEPS.

Sin embargo, es importante mencionar y reflexionar que el Plan para evitar la erosión de la base imponible y el traslado de beneficios no se soluciona con las medidas legislativas que unilateralmente México pueda tomar, pues éstas son solo una pequeña parte de todo un Sistema en el que se necesita la intervención de todos los países.

En la actualidad, son pocos los Estados los que han implementado las medidas del Plan de acción BEPS para un adecuado funcionamiento del Sistema. Esto se debe a que este Plan es *soft law* y no se puede obligar a los países a implementarlo, lo cual imposibilita tanto la coordinación entre países, como el traslado de información para evitar las prácticas perniciosas de las empresas multinacionales y, en consecuencia, el adecuado funcionamiento de este Plan.

Lo anterior refleja que el problema en su mayoría es causado por las malas prácticas empresariales. Por ello, no basta con incentivar a las empresas a implementar programas de *compliance*, sino que se necesita integrar dichas políticas a través del *hard law*, propiciando así el cumplimiento de la ley.

BIBLIOGRAFÍA

BECERRA PEÑA, D., L., «Acciones fiscales en México en torno al cumplimiento de las acciones del Plan erosión de la base imponible y el traslado de beneficios de la OCDE», [en línea], (2021), <http://portal.amelica.org/ameli/jatsRepo/522/5222280003/html/index.html> [consulta: 30/12/22].

Código Nacional de Procedimientos Penales.

Código Fiscal de la Federación.

Constitución Política de los Estados Unidos Mexicanos.

DEL TORO HUERTA, M., i,. «El Fenómeno del Soft Law y las Nuevas Perspectivas del Derecho Internacional», (2006) <https://revistas.juridicas.unam.mx/index.php/derecho-internacional/article/view/160/256> [consulta:11/01/23].

Ley del Impuesto sobre la Renta.

Ley General de Responsabilidades Administrativas.

MENDOZA LÓPEZ, D., T,. «Incorporación del Derecho Internacional Tributario al Derecho Nacional; Las Medidas del Plan de Acción OCDE/G20 para corregir asimetrías entre Legislaciones Fiscales.», [en línea], (2017), < https://www.redalyc.org/articulo.oa?id=42751409010> [consulta: consulta: 30/12/22]

OCDE «Lucha contra la erosión de la base imponible y el traslado de beneficios», [en línea], (2013), <https://read.oecd-ilibrary.org/taxation/abordando-la-erosion-de-la-base-imponible-y-la-deslocalizacion-de-beneficios_9789264201224-es#page1> [consulta: 03/01/22]

OCDE «Plan de acción contra la erosión de la base imponible y el traslado de beneficios», [en línea], (2020), <https://read.oecd-ilibrary.org/taxation/plan-de-accion-contra-la-erosion-de-la-base-imponible-y-el-traslado-de-beneficios_9789264207813-es#page1> [consulta: 03/01/23]

OCDE «Enfoque de dos pilares para abordar los desafíos fiscales derivados de la digitalización de la economía», [en línea], (2020), < https://www.oecd.org/tax/beps/puntos-destacados-enfoque-de-dos-pilares-para-abordar-los-desafios-fiscales-derivados-de-la-digitalizacion-de-la-economia-octubre-2021.pdf> [consulta: 03/01/23]

OCDE «BEPS Actions», [en línea], (2022), <https://www.oecd.org/tax/beps/beps-actions/> [consulta: 03/01/23]

OCDE «Estadísticas tributarias en América Latina y el Caribe 2022-México», [en línea], (2022), <https://www.oecd.org/tax/tax-policy/estadisticas-tributarias-america-latina-caribe-mexico.pdf> [consulta:11/01/23].

Reglamento de la Ley del Impuesto sobre la Renta.

Tratado entre México, Estados Unidos y Canadá.

VARIOS «El G20 y los Resultados de la Reunión Cumbre de los Cabos», [en línea], (2013), <chrome-extension://efaidnbmnnnibpcajpcglclefindmkaj/https://cancilleria.gob.ar/userfiles/ut/g20.pdf> [consulta:11/01/23].

VARIOS, Práctica de compliance en Latinoamérica. Estado actual de la legislación anticorrupción y otras, Autores Editores, Bogotá, (2015).

LOS PRECIOS DE TRANFERENCIA COMO BASE IMPONIBLE AMPLIADA

Daniel Márquez Gómez

El prohibir a un pueblo que saque el máximo partido a su producción, o que invierta su capital y su trabajo en la forma que juzgue más conveniente, es una violación manifiesta de los derechos humanos más sagrados.
Adam Smith[57]

I. BREVE HISTORIA DEL PLAN *BASE EROSION AND PROFIT SHIFTING* (BEPS)

En 1995 se publicaron las primeras reglas de precios de transferencia dirigidas a la industria maquiladora. En 1997 México, como miembro de la OCDE, realizó modificaciones a su normatividad fiscal para incluir el contenido de esas reglas, estableciendo el concepto de "partes relacionadas", aplicable a las sociedades que realizaran operaciones internacionales con empresas del mismo grupo. También incorporó el tratamiento que se debe dar a los ingresos provenientes de países en los cuales el impuesto sobre la renta es nulo o preferencial para contribuyentes no residentes. Por ello, de 1997 a 2005 se estableció en la legislación fiscal el concepto de Jurisdicciones de Baja Imposición Fiscal (JUBIFIS) o paraísos fiscales.[58] Posteriormente, entre 2005 a 2013 se denominaron Territorios de Baja Imposición Fiscal (TEREFIPRES), y de

57 SMITH, A., "La riqueza de las naciones", Alianza, Madrid, 1996.p. 587.

58 Antillas Holandesas, las Bahamas, las Bermudas, las Islas Caimán, Jersey y Guernnsey, la República de Chipre, la República de Hong Kong, de la República Popular China, el Principado de Liechtenstein, el Gran Ducado de Luxemburgo, la Isla de Man, la República de Mauricio, Suiza y las Islas Vírgenes Británicas.

2013 a la fecha, se conocen como Regímenes Fiscales Preferentes (REFIPRES), o sea, las jurisdicciones en donde no existe la obligación de pagar el impuesto sobre la renta.[59]

Ese breve recuento histórico muestra cómo México ha adecuado su normativa tributaria a los lineamientos señalados en las acciones del Plan *Base Erosion and Profit Shifting* (BEPS), o sea: Erosión de la Base Imponible y Traslado de Beneficios de la Organización para la Cooperación y Desarrollo Económico (OCDE), a fin de combatir la elusión fiscal (figura lícita)[60] o la evasión fiscal (figura fraudulenta),[61] por su impacto negativo en materia tributaria.[62]

Como ya se destacó, el mecanismo para evitar la evasión fiscal, denominado BEPS, tiene como origen el año de 1996, cuando los ministros de los países integrantes de la OCDE llamaron a: "desarrollar medidas para contrarrestar los efectos distorsionadores de la competencia fiscal perjudicial sobre las decisiones de inversión y financiación y las consecuencias para las bases impositivas nacionales, e informar en 1998". Como resultado el Comité de Asuntos Fiscales (*Committee on Fiscal Affairs*), presentó el proyecto sobre la competencia fiscal dañina o perjudicial.[63]

---

59 MONTIEL RODRÍGUEZ, D., A., SALGADO GUZMÁN, S., A., SOLÍS SALZAR, R., M., "El informe BEPS y la legislación fiscal mexicana (BEPS, Erosión de la base imponible y traslado de beneficios), Horizontes de la Contaduría en las Ciencias Sociales, 6, Enero-Junio 2017.

60 búsqueda de instrumentos lícitos, formas jurídicas o fórmulas negociales menos onerosas con el fin evitar el pago de impuestos o minimizar su entidad (García Novoa).

61 la evasión consiste en un comportamiento fraudulento del sujeto pasivo, basado en engaños, con el propósito de evitar, total o parcialmente, el pago que se deriva de sus obligaciones fiscales.

62 TPC GROUP, «Precios de Transferencia en México», [en linea], (2022) <https://tpcgroup-int.com/servicios/precios-de-transferencia/mexico/> [consulta: 27/07/22]..

63 OCDE, "Harmful Tax Competition. An Emerging Global Issue", OCDE, 1998, p. 3. En donde se lee: *develop measures to counter the distorting effects of harmful tax competition on investment and financing decisions and the consequences for national tax bases, and report back in 1998.*

Derivado de ese estudio se emitió el reporte: *Harmful Tax Competition. An Emerging Global Issue* (Competencia Tributaria Perjudicial. Un problema global emergente), en donde se destaca que la globalización ha creado nuevos retos en el campo de la política tributaria, afirmando que los esquemas fiscales destinados a atraer financiamiento y otras actividades móviles pueden crear competencia tributaria nociva o perjudicial entre estados que acarrea riesgos de distorsionar al comercio y la inversión y podría llevar a la erosión de las bases nacionales de impuestos.[64]

En principio sorprenden dos de los argumentos: el primero que exista una "competencia entre Estados en temas tributarios", en atención a que los impuestos no son objeto de comercio. No obstante, se puede aceptar que compiten por capitales y las medidas fiscales pueden generar espacios de inversión atractivos, y, el segundo problema se asocia a la presunta distorsión del comercio y la inversión, considerando que la inversión y el comercio se regulan en legislaciones diferentes de las impositivas. Sin embargo, se puede aceptar que eventualmente la legislación fiscal, al determinar la manera en que se gravan actividades mercantiles o la inversión, pueden estimular o desestimular el comercio o la inversión.

En ese contexto, en la obra: "Competencia Tributaria Perjudicial. Un problema global emergente", se afirma que los paraísos fiscales o los regímenes fiscales preferenciales perjudiciales, que hacen que la tasa impositiva efectiva que grava los ingresos de las actividades móviles sea significativamente inferior a las tasas en otros países, tienen el potencial de causar daños porque:

1. Distorsionan los flujos financieros, e indirectamente, los flujos reales de inversión;
2. Socavan o debilitan la integridad y equidad de las estructuras fiscales;
3. Desalientan el cumplimiento de todos los contribuyentes;
4. Remodelan o dan nueva orientación al nivel y la combinación de impuestos y gasto público deseados;

64 Ibídem, p. 7.

5. Provocan desplazamientos no deseados de parte de los gravámenes fiscales hacia bases impositivas inferiores, como el trabajo, la propiedad y el consumo; y
6. Incrementan los costos administrativos y las cargas de cumplimiento sobre las autoridades tributarias y los contribuyentes.[65]

Entre los factores clave que se usan para identificar paraísos fiscales y regímenes fiscales nocivos preferenciales, se encuentran: 1) nulas o bajas tasas impositivas efectivas; 2) *"ring fencing" of regímenes*, esto es: regímenes fiscales compartimentados, o sea, parcial o totalmente aislados de los mercados internos; 3) nula transparencia; 4) carencia de intercambio efectivo de información. Además, entre los "otros factores", menciona: a) la definición artificial de la base impositiva legal; b) incumplimiento de los principios internacionales de precios de trasferencia; c) ingresos de fuente extranjera exentos del impuesto del país de residencia; d) cuota o base impositiva negociable; e) la existencia de disposiciones secretas; f) acceso a una amplia red de tratados fiscales; g) regímenes que se promueven como formas de minimización de impuestos; y h) el régimen incentiva operaciones o arreglos puramente tributarios.

Por lo anterior, en la presente exposición nos ocuparemos de los principios para fijar precios de transferencia, contenidos en la propuesta BEPS de 8 de octubre de 2021, para las transacciones empresariales internas que se consideran importantes para determinar la carga fiscal general de una empresa multinacional y la división de la base imponible entre países.

Es importante mencionar que la globalización contribuye a integrar economías y corporaciones en un mercado de intercambio de bienes mundial; la integración global dificulta a los Estados el cobre de impuestos a las empresas, en particular a las transnacionales que cuentan con modelos de negocios mundiales, quienes tienen estructuras en varios países de explotación de activos intangibles con la finalidad de erosionar la base gravable y pagar menos impuestos, y para lograr la deslocalización de sus rentas

65 Ibídem, p. 16.

entre diferentes jurisdicciones tributarias. Como se advierte, en una toma de posición temprana, los precios de transferencia se relacionan con el hecho imponible, esto es, el presupuesto normativo contenido en la ley fiscal que configura al tributo y de cuya realización depende que se genere la obligación tributaria, o sea, el pago de impuestos.

Clemens Fuest, Christoph Spengel, Katharina Finke, Jost H. Heckemeyer, y Hannah Nusser, advierten que algunas multinacionales puedan reducir drásticamente su obligación tributaria aprovechando las fallas y lagunas en las normas tributarias existentes. Destacan que los grupos multinacionales reasignan las ganancias a nivel mundial para minimizar la carga fiscal general. Al analizar el tema de la propiedad intelectual, advierten que las ganancias obtenidas en países con impuestos altos pueden canalizarse a entidades del grupo con impuestos más bajos a través de financiamiento de deuda o a través de estrategias no financieras como precios de transferencia y licencias de propiedad intelectual.[66]

En el análisis de los mecanismos de los que se valen las transnacionales para eludir o evadir impuestos, Doris Teresita Mendoza López, sostiene que:

> ...las compañías multinacionales se valen de prácticas como *supply chain*, mecanismo mediante el cual las empresas transfieren utilidades a divisiones en el extranjero; *transfer pricing*, como el impuesto se cobra sobre ganancias y no sobre costos, la empresa matriz mantiene costos altos de producción en el territorio donde la tasa impositiva a la renta es alta; también usan el *treaty shopping*, aprovechan la red de tratados, manipulan los convenios sobre doble imposición, se benefician de vacíos legales de ordenamientos jurídicos —lagunas que tiene la legislación fiscal en función de sus intereses—; se mueven a legisla-

66 VARIOS, "Profit Shifting and "Aggressive" Tax Planning by Multinational Firms: Issues and Options for Reform, VARIOS, "Profit Shifting and "Aggressive" Tax Planning by Multinational Firms: Issues and Options for Reform, Discussion Paper No. 13-078", Zenrum für Eiropäische Wirtschaftsforschung, Alemania, 2013. pp. 1, 10 y 11.

ciones de baja imposición, realizan explotación de híbridos; entre otras prácticas de las cuales se atienden en las siguientes líneas.[67]

En el tema que nos ocupa, la autora mencionada, al aludir a como un grupo multinacional a través de distintas técnicas erosiona su base imponible y traslada utilidades de un territorio de alta imposición, a otro de baja tributación, afirma que:

> ...una de las estrategias utilizada para reducir la imposición surge mediante la alteración de precios de transferencia entre empresas asociadas por medio de la cual se deducen gastos manipulados y excesivos en concepto de intereses y otros pagos financieros como derivados, garantías y seguros cautivos; de igual forma, se reasignan gastos que las empresas tienen en común a países donde son gravados con tasas altas, estos son por investigación y desarrollo, y por contratación o prestación de servicios; asimismo, para crear gastos vinculados a rentas exentas tanto desde la perspectiva del país pagador de éstas, como del país receptor de rentas exentas de tributación; el reparto de beneficios se realiza de acuerdo a la estructura financiera de la empresa o de su planeación fiscal.[68]

Así, las prácticas de evasión fiscal están, en algunos de sus segmentos, relacionadas con los precios de transferencia que utilizan las empresas transnacionales para intercambiar bienes o servicios entre sus diversas empresas integrantes.

En ese supuesto, de precios de transferencia, la OCDE de 1995 estableció cómo los países deben aplicar el "***arm's length principle***", o sea, el principio de plena competencia, que es un tecnicismo jurídico anglosajón que parte de la exigencia de que las partes de una transacción estén en las mismas condiciones y tengan el mismo poder de negociación para asegurar un trato justo, también se conoce como la "***arms' length basis***".[69] Con lo que se intenta evitar que se diluya la base tributaria.

---

67 MENDOZA LÓPEZ, D., T., "La lucha del derecho internacional tributario contra la planeación fiscal agresiva", Anuario Mexicano de Derecho Internacional, Vol. 16, Enero-Diciembre de 2016. pp.529-530.

68 Ibídem, p. 530.

69 Ibídem, p. 31. En el libro se afirma: *The transfer pricing principles established for intra-firm transactions are important considerations in*

También se destacó, entre los "tópicos" para un estudio adicional, la: *Application of transfer pricing rules and guidelines* (o sea, la aplicación normas y lineamientos de precios de transferencia, destacando: *Las medidas que constituyen una competencia fiscal perjudicial a menudo dan como resultado que se atribuyan ingresos significativos a una entidad extranjera que realiza pocas actividades reales, si es que realiza alguna. La aplicación de normas de precios de transferencia, que normalmente parten de un análisis de las verdaderas funciones desempeñadas por cada parte de un grupo de empresas asociadas, constituye, a ese respecto, una medida de contrapartida útil.*[70] Así, es evidente que las medidas BEPS se encaminan a evitar los efectos negativos de las medidas que toman algunas empresas para eludir o evadir impuestos.

Por lo anterior, en el presente trabajo analizaremos los precios de transferencia que se imponen a empresas multinacionales en sus operaciones de riesgo asociadas a prácticas fiscales "perniciosas" a partir de la propuesta del proyecto BEPS de 8 de octubre de 2021, destacando su contenido y relacionándolo con algunos temas y problemas de orden fiscal, en particular: a) el problema de lo fiscal como actividad soberana de un Estado; b) la compatibilidad del mecanismo BEPS con los "cuatro cánones de la tributación general" de Adam Smith: i) los súbditos de cualquier estado deben contribuir al sostenimiento del gobierno en la medida de lo posible en proporción a sus respectivas capacidades; ii) el impuesto que cada individuo debe pagar debe ser cierto y no arbitrario; iii) Todos los impuestos deben ser recaudados en el momento y la forma que probablemente resulten más convenientes para el contribuyente; y iv) todos los impuestos deben estar diseñados para extraer de los bolsillos de los contribuyentes o para

---

determining a multinational enterprise's overall tax burden and the division of the tax base across countries. The OECD 1995 set out how countries are to apply the arm's length principle.
La frase "arm´s length principle" se toma de: TRADUCCIÓN JURÍDICA, «Qué significa la expresión Arms' Length Basis», [en linea], (2021), <https://traduccionjuridica.es/que-significa-la-expresion-arms-length-basis/> [Consulta: 27/07/22].

70 Harmful Tax Competition, Ibídem, p. 61.

impedir que entre en ellos la menor suma posible más allá de lo que ingresan en el tesoro público;[71] c) la burocratización y especialización del mecanismo; y d) sus consecuencias económicas.

Así, procedemos a establecer la configuración del mecanismo BEPS destacando de qué manera se incorporaron los aspectos relacionados con los precios de transferencia que se imponen a empresas multinacionales en sus operaciones de riesgo asociadas a prácticas fiscales "perniciosas".

II. ASPECTOS BÁSICOS DEL BEPS

Continuando con el argumento con el que cerramos el apartado anterior, insistimos en que el Plan BEPS de la OCDE es un mecanismo para evitar y combatir la elusión o evasión fiscal, al que México se adhirió desde la década de los noventa, lo que obligó al país a adecuar su normativa tributaria de acuerdo a los lineamientos señalados en las acciones, a fin de combatir la elusión o evasión fiscal.[72]

Como aspecto interesante, al mes de noviembre de 2021, 135 países, incluido México, forman parte del Grupo de Miembros del Marco Inclusivo de la OCDE y el G20 sobre BEPS.[73]

En ese contexto, el BEPS se refiere a las estrategias de planificación fiscal que aprovechan vacíos y discordancias en las normas fiscales para trasladar artificiosamente beneficios a jurisdicciones de baja o nula tributación y con nula o mínima actividad económica, dando lugar a:

- el pago de cantidades pequeñas o nulas en concepto de impuesto de sociedades;

---

71 Véase: SMITH, A., "La riqueza de las naciones", Alianza, Madrid, 1996. opus cit., pp. 746 a 748.

72 TPC GROUP, «Precios de Transferencia en México», [en linea], (2022) <https://tpcgroup-int.com/servicios/precios-de-transferencia/mexico/> [consulta: 27/07/22].

73 OCDE, «Marco Inclusivo sobre BEPS de la OCDE y el G-20» [en linea], (2018) <https://www.oecd.org/tax/beps/folleto-marco-inclusivo-sobre-beps.pdf> [consulta: 12/07/22]..

- pérdidas en la recaudación de los gobiernos por importe, como mínimo, de 100 a 240 mil millones de USD, equivalente al 4-10 % de los ingresos mundiales derivados del impuesto de sociedades.[74]

La introducción del informe de febrero de 2013 *Addressing Base Erosion and Profit Shifting* (Lucha contra la erosión de la base imponible y el traslado de beneficios; el informe BEPS, OCDE, 2013) define el desafío que afrontan los países como una "planificación dirigida a trasladar los beneficios en formas que erosionen la base imponible hacia sitios donde estén sujetos a un trato fiscal más favorable".[75]

Las acciones que desde 2015 se han impulsado para evitar la erosión de la base imponible y el traslado de beneficios son:

1. Economía digital
2. Mecanismos híbridos
3. Normativa sobre *Controlled Foreign Corporation Rules*
4. Deducciones de intereses
5. Practicas fiscales perniciosas
6. Abuso de convenios fiscales
7. Establecimientos permanentes
8. Precios de transferencia
9. Precios de transferencia
10. Precios de transferencia
11. Análisis de datos sobre BEPS
12. Planificación fiscal agresiva
13. Documentación sobre precios de transferencia
14. Resolución de controversias

---

74 OCDE, «Marco Inclusivo sobre BEPS de la OCDE y el G-20» [en linea], (2018) <https://www.oecd.org/tax/beps/folleto-marco-inclusivo-sobre-beps.pdf> [consulta: 12/07/22].

75 OCDE, «BEPS Acción 13, Informes país por país. Manual para la implementación efectiva», [en linea], (2017), <https://www.oecd.org/tax/beps/informes-pais-por-pais-manual-para-la-implementacion-efectiva.pdf> [consulta: 27/11/22], p. 6.

15. Instrumento multilateral[76]

Entre el periodo que abarcan los años de 2016 a 2020 se han generado una serie de medidas para potenciar el Plan BEPS. En 2016 se creó el Marco Inclusivo (MI) sobre BEPS de la OCDE y el G-20, para garantizar que los países y jurisdicciones interesados, incluidas las economías en desarrollo, pudieran participar en condiciones de igualdad en el desarrollo de estándares sobre cuestiones relacionadas con la erosión de la base imponible y el traslado de beneficios, revisando y fiscalizando al mismo tiempo la implementación del Proyecto BEPS de la OCDE y el G-20.[77]

En 2017 se celebró la primera ceremonia de alto nivel para la firma del Instrumento Multilateral (MLI), suscrito por 85 jurisdicciones, lo que ha facilitado la aplicación eficaz de las medidas BEPS relacionadas con convenios fiscales sin necesidad de renegociar bilateralmente convenios fiscales de forma individual. Destacando que más de 1.500 convenios fiscales iban a modificarse.[78]

En los años 2018-20 los integrantes del MI han desarrollado un Plan de trabajo para alcanzar un acuerdo en 2020 que garantice una solución a largo plazo a los desafíos fiscales que plantea la digitalización de la economía, con dos pilares:

- primer pilar se explorarán alternativas para determinar la reasignación de derechos fiscales (normas de "nexo y atribución de beneficios"); y
- el segundo pilar intenta abordar las cuestiones que quedaron pendientes del proyecto BEPS de la OECD y el G-20, se trabajará en el diseño de normas tributarias que garanticen que los grupos multinacionales queden sujetos a un nivel de tributación mínima.[79]

---

76 OCDE, «Marco Inclusivo sobre BEPS de la OCDE y el G-20» [en linea], (2018) <https://www.oecd.org/tax/beps/folleto-marco-inclusivo-sobre-beps.pdf> [consulta: 12/07/22]..

77 Ibídem.

78 Ídem.

79 OCDE, «Marco Inclusivo sobre BEPS de la OCDE y el G-20» [en linea], (2018) <https://www.oecd.org/tax/beps/folleto-marco-inclusivo-sobre-beps.pdf> [consulta: 12/07/22].

Además, en el marco de los grupos de trabajo del MI, se realizan reuniones regionales sobre digitalización; además se realizan reuniones plenarias sobre BEPS dos veces al año: en enero en la sede de la OCDE en París y en mayo/junio por lo general en un país miembro del MI. Para integrarse al MI, un país o jurisdicción debe comprometerse con el paquete de medidas BEPS y abonar una cuota anual de 20.500 EUR (sujeta a un ajuste anual por inflación).[80]

Así, el marco BEPS construye una asociación entre las diversas instancias tributarias de los países que se adhieren al mecanismo, con la finalidad de no "competir" entre ellas en lo que se refiere a la recaudación de impuestos.

III. EL PROYECTO BEPS Y LOS "DOS PILARES" PARA ABORDAR LOS DESAFÍOS FISCALES DERIVADOS DE LA DIGITALIZACIÓN DE LA ECONOMÍA

En el *Proyecto sobre Erosión de la Base Imponible y Traslado de Beneficios (BEPS) de la OCDE y el G20 en torno a la Declaración sobre el enfoque de dos pilares para abordar los desafíos fiscales derivados de la digitalización de la economía,*[81] de 8 de octubre de 2021, se mencionan los dos pilares para abordar los desafíos fiscales relacionados con la digitalización de la economía: a) el ámbito de aplicación y b) diseño general.

El primer pilar relacionado con el ámbito de aplicación, se refiere a las empresas multinacionales (EMN) con un volumen de negocios global superior a 20.000 millones de euros y una rentabilidad superior al 10% (es decir, beneficios antes de impuestos

80 Ídem.

81 OCDE, «Proyecto sobre Erosión de la Base Imponible y Traslado de Beneficios (BEPS) de la OCDE y el G20. Enfoque de dos pilares para abordar los desafíos fiscales derivados de la digitalización de la economía» [en linea], (2022) < https://www.oecd.org/tax/beps/puntos-destacados-enfoque-de-dos-pilares-para-abordar-los-desafios-fiscales-derivados-de-la-digitalizacion-de-la-economia-octubre-2021.pdf.> [consulta: 12/07/22]..

/ingresos) calculada mediante un mecanismo de promedios. Se prevé reducir el umbral de volumen de negocios a 10.000 millones de euros, siempre que la implementación tenga éxito, incluyendo la seguridad jurídica en materia tributaria sobre el "Importe A", y que la revisión pertinente comience 7 años después de la entrada en vigor del acuerdo y se complete en un plazo no superior a un año. Se excluye a las industrias extractivas y los servicios financieros regulados.

También se menciona una regla especial de nexo que permitirá asignar el Importe A a una jurisdicción de mercado cuando la EMN incluida en el ámbito de aplicación obtenga al menos 1 millón de euros de ingresos en esa jurisdicción. Para las jurisdicciones más pequeñas con un PIB inferior a 40.000 millones de euros, el nexo se fijará en 250.000 euros. Lo anterior se relaciona con la cuantía, porque: las EMN incluidas en el ámbito de aplicación, el 25% de los beneficios residuales, definidos como los beneficios que superan el 10% de los ingresos, se asignarán a las jurisdicciones de mercado con nexo, utilizando un factor de asignación basado en los ingresos. También se destaca que: *Los costes de cumplimiento (incluidos los relativos al rastreo de pequeños volúmenes de ventas) se limitarán al mínimo.*

Para la "determinación de la base imponible" de la EMN incluida en el ámbito de aplicación se hará por referencia a los ingresos que arroje la contabilidad financiera, con un número limitado de ajustes. Se prevé un régimen de amortización de pérdidas "hacia adelante".

El principio aplicable a la "fuente de los ingresos" destaca que ingresos se asignarán a las jurisdicciones del mercado final donde se utilicen o consuman los bienes o servicios. Para facilitar la aplicación de este principio, se elaborarán reglas detalladas de determinación del origen para categorías específicas de transacciones. Al aplicar las reglas de origen, una EMN incluida en el ámbito de aplicación debe utilizar un método fiable basado en los hechos y circunstancias específicos de la EMN.

Se limita la "segmentación" a circunstancias excepcionales cuando, sobre la base de los segmentos que reflejen la contabilidad financiera, un segmento quede comprendido en el ámbito de aplicación de las reglas. También destaca el "Régimen de protección respecto de beneficios derivados de actividades de comercialización y distribución", cuando los beneficios residuales de una EMN incluida en el ámbito de aplicación ya estén gravados en una jurisdicción de mercado, un régimen de protección de los beneficios de comercialización y distribución limitará los beneficios residuales asignados a la jurisdicción de mercado a través del Importe A. Se seguirá trabajando en el diseño de este régimen de protección, entre otras cosas, para tener en cuenta el ámbito de aplicación global.

Además, se incorporan medidas para eliminar la doble imposición, aliviándola mediante la exención o el método de imputación, destacando que la entidad o entidades que asumen la responsabilidad fiscal se determinan entre aquellas que obtienen beneficios residuales.

Para otorgar seguridad jurídica en materia tributaria las EMN incluidas en el ámbito de aplicación se beneficiarán de los mecanismos de prevención y resolución de controversias, que evitarán la doble imposición en relación con el Importe A, y que servirán para dirimir todas las cuestiones relacionadas con dicho importe (por ejemplo, controversias sobre precios de transferencia y beneficios empresariales), de forma obligatoria y vinculante. Las controversias formales sobre si se trata o no de una cuestión relacionada con el Importe A se resolverán de forma obligatoria y vinculante, sin dilatar el mecanismo de prevención y resolución de controversias de fondo.

Un mecanismo alternativo de resolución de controversias optativo y vinculante estará disponible solo respecto a las cuestiones relacionadas con el Importe A para las economías en desarrollo que, de conformidad con lo previsto en el marco de la Acción 14 de BEPS, puedan obtener un aplazamiento del mecanismo de revisión entre pares[1] y que no tengan —o tengan muy pocos— casos de procedimientos amistosos de resolución de controversias (MAP). La idoneidad de una jurisdicción para acogerse a este mecanismo optativo se revisará periódicamente; cuando en una revisión se determine que una jurisdicción no es idónea, esta seguirá sin serlo en todos los años siguientes.

En lo que se refiere al "Importe B" se simplificará y agilizará la aplicación del principio de plena competencia respecto de actividades básicas de comercialización y distribución en el país, prestando especial atención a las necesidades de los países con menor capacidad.

En materia de administración fiscal, se destaca que el cumplimiento tributario se simplificará (incluida la obligación de presentar declaraciones) y se permitirá que las empresas multinacionales incluidas en el ámbito de aplicación que gestionen el procedimiento de cumplimiento a través de una única entidad.

En el apartado de "medidas unilaterales" se afirma que el Convenio Multilateral (CML) exigirá a todas las partes que supriman todos los impuestos sobre los servicios digitales y otras medidas similares relevantes con respecto a todas las empresas, y que se comprometan a no introducir tales medidas en el futuro. Destacando que, no se establecerá ningún nuevo impuesto sobre los servicios digitales ni otras medidas similares relevantes respecto de ninguna empresa a partir del 8 de octubre de 2021 y hasta el 31 de diciembre de 2023 o la entrada en vigor del CML—lo que ocurra primero. La forma de suprimir los impuestos sobre los servicios digitales vigentes y otras medidas similares relevantes se coordinará adecuadamente. Ese convenio multilateral para implementar el Importe A se redactará y quedará dispuesto para su firma en 2022, de modo que dicho Importe A entre en vigor en 2023.

El segundo pilar, en lo que se refiere a su "Diseño general consta de dos normas nacionales interconectadas (denominadas, conjuntamente, reglas globales contra la erosión de las bases imponibles o «reglas GloBE»), o sea: i) una Regla de Inclusión de Rentas (RIR), que impone un impuesto complementario a una entidad matriz cuando los ingresos de una entidad integradora estén sujetos a baja tributación; y (ii) una Regla sobre Pagos Insuficientemente Gravados (RPIG), que niega las deducciones o exige un ajuste equivalente en la medida en que los ingresos sujetos a baja tributación de una Entidad Integradora no estén sujetos a imposición en virtud de una RIR; y una regla para los convenios fiscales (la Cláusula de Sujeción a Impuestos o «CSI») que permite a las jurisdicciones fuente imponer una tributación limitada a determinados pagos entre partes vinculadas sujetos a imposición por debajo de una tasa mínima. El impuesto pagado en virtud de la CSI se considerará como un impuesto comprendido para efectos de las reglas GloBE.

En lo que se refiere al primer elemento, las reglas GloBE se destaca el enfoque común de las reglas, lo que significa que los integrantes del MI: a) no están obligados a adoptar las reglas GloBE, pero si lo hacen, deben implementarlas y administrarlas de forma coherente con los resultados previstos en el marco del Segundo Pilar, a la luz de las normas modelo y las guías acordadas por el MI; y b) aceptan la aplicación de las reglas GloBE por parte de otros miembros del MI, incluido el acuerdo sobre la jerarquía de las reglas y la aplicación de cualquier régimen de protección acordado.

El ámbito de aplicación de las reglas GloBE es las EMN que alcancen el umbral de 750 millones de euros, tal y como se establece en la Acción 13 de BEPS (informe país por país). Por otro lado, los países pueden decidir aplicar la RIR a las EMN domiciliadas en su país, aunque no alcancen el umbral.

Se excluye de la aplicación de las normas GloBE a las entidades gubernamentales, organismos internacionales, organizaciones sin ánimo de lucro, fondos de pensiones o fondos de inversión que sean la sociedad matriz última (SMU) de un grupo de EMN, ni tampoco las sociedades holding utilizadas por estos.

Diseño de las reglas

La RIR asigna el impuesto complementario sobre la base de un enfoque descendente, en función de una regla sobre multipropiedad para las participaciones inferiores al 80%.

La RPIG asigna el impuesto complementario de las entidades integradoras sujetas a baja tributación, incluidas las que se encuentren en la jurisdicción de la sociedad matriz última. Las reglas GloBE establecen una exclusión de la RPIG para las EMN en la fase inicial de su actividad internacional, definida como aquellas EMN que tengan un máximo de 50 millones de euros de activos tangibles en el extranjero y que operen en otras 5 jurisdicciones como máximo.

Esta exclusión está limitada a un periodo de 5 años que empieza a contar después de que la EMN se encuentre sujeta por primera vez a las reglas GloBE.

Para las EMN que estén dentro del ámbito de aplicación de las reglas GloBE desde su fecha de aplicación, el período de 5 años empezará a contar cuando las RPIG sean aplicables.

Cálculo de la tasa impositiva efectiva (TIE), destaca que las reglas GloBE impondrán un impuesto complementario en base a una tasa impositiva efectiva que se calcula por cada jurisdicción y que utiliza una definición común de «impuestos comprendidos» y una base impositiva determinada por referencia a los ingresos que arroja la contabilidad financiera (con ajustes acordados en consonancia con los objetivos de política fiscal del Segundo Pilar y los mecanismos para neutralizar las diferencias temporales).

En lo que respecta a los regímenes fiscales de distribución vigentes, no habrá que pagar impuestos complementarios si los beneficios se distribuyen en un plazo de 4 años y tributan al nivel mínimo o por encima de él. La tasa impositiva mínima para la RIR y la RPIG será del 15%.

Las reglas GloBE establecerán una exclusión formularia por actividades sustanciales, que excluirá de los ingresos el 5% de los gastos de amortización de los activos tangibles y cargas salariales. En un periodo transitorio de 10 años, el importe de ingresos excluidos será del 8% de los gastos de amortización de los activos tangibles y del 10% de las cargas salariales, disminuyendo anualmente en 0,2 puntos porcentuales durante los primeros cinco años, y en 0,4 puntos porcentuales para los activos tangibles y 0,8 puntos porcentuales para las cargas salariales durante los últimos cinco años.

Asimismo, las reglas GloBE establecerán una exclusión de mínimos para aquellas jurisdicciones en las que la EMN tenga ingresos inferiores a 10 millones de EUR y unos beneficios inferiores a 1 millón de EUR. En lo que se refiere a otras exclusiones, las reglas GloBE también prevén una exclusión para los ingresos del transporte marítimo internacional remitiéndose a la definición de dichos ingresos según el Modelo de Convenio Tributario de la OCDE. Además, para garantizar que la administración de las reglas GloBE sea lo más específica posible y evitar que los costes administrativos y de cumplimiento sean desproporcionados con respecto a los objetivos de política tributaria perseguidos, el marco de implementación incluirá regímenes de protección y/u otros mecanismos.

Además, las medidas del segundo pilar son coexistentes con el régimen GILTI, por lo anterior se ha acordado que el Segundo Pilar aplique una tasa mínima sobre una base jurisdiccional. En este contexto, se estudiarán las condiciones en las que el régimen GILTI[82] de EE.UU. coexistirá con las reglas GloBE, para garantizar la igualdad de condiciones.

También se regula la Cláusula de sujeción a imposición (CSI) destacando que los miembros del MI son conscientes de que la CSI es esencial en la consecución de un consenso sobre el Segundo Pilar para los países en desarrollo, por lo que se destaca que los miembros del MI que aplican tasas nominales del impuesto de sociedades inferiores a la tasa mínima de la CSI a los intereses, regalías y a otros pagos, aplicarán la CSI en sus convenios bilaterales con los países en desarrollo miembros del MI cuando se les solicite. Destacando que el derecho de imposición se limitará a la diferencia entre la tasa mínima y la tasa impositiva del pago. La tasa mínima para la CSI es del 9%.

Para implementar el Segundo Pilar se destaca que debe entrar en vigor en 2022 para ser efectivo en 2023, de modo que la RPIG entrara en vigor en 2024. Con lo que cerramos la exposición en torno a este tema, para analizar la cuestión de los precios de transferencia.

IV. LOS PRECIOS DE TRANSFERENCIA COMO BASE IMPONIBLE AMPLIADA

El presupuesto o hecho imponible es la hipótesis de incidencia o presupuesto, que es primeramente la descripción de un hecho,

82 *Global Intangible Low Taxed Income* (Ingreso Global Intangible de baja Tributación) que aplica el *Internal Revenue Service* (IRS) de los Estados Unidos.

es la formulación hipotética, previa y genérica, contenida en la ley, de un hecho, es un concepto legal.[83] Como se destaca en el artículo 6, párrafo primero, del Código Fiscal de la Federación: *Las contribuciones se causan conforme se realizan las situaciones jurídicas o de hecho, previstas en las leyes fiscales vigentes durante el lapso en que ocurran.*

En la acción de inconstitucionalidad 23/2005 promovida por el entonces Procurador General de la República el 27 de octubre de 2005, se determinó por unanimidad de nueve votos de los integrantes del Pleno de la Suprema Corte de Justicia de la Nación que: *El hecho imponible de las contribuciones, consiste en el presupuesto de naturaleza jurídica o económica fijado por la ley para configurar cada tributo y de cuya realización depende el nacimiento de la obligación tributaria*; además, ante la posible incongruencia entre el hecho imponible y la base gravable, se afirmó: *el primero ubica la situación, hecho, acto, o actividad denotativa de capacidad contributiva, el segundo representa la magnitud cuantificable de dicha capacidad, erigiéndose en premisa para la determinación en cantidad líquida de la contribución*, Como se advierte, los concepto de "hecho imponible" y "base gravable", en los términos delimitados, son importante en nuestro análisis, en la medida en que en los precios de transferencia, encontramos un hecho imponible o base gravable ampliados, en la medida en que se juridifican y son la base para determinar la contribuciones.

También se debe mencionar que la autoridad encargada del tema de los precios de transferencia en México es la Administración Central de Fiscalización de Precios de Transferencia (ACFPT) de la Administración General de Grandes Contribuyentes (AGGC) del Servicio de Administración Tributaria (SAT), que está a cargo de auditar o regular los precios de transferencia.[84]

---

83 DE LA GARZA, S., F., "Derecho Financiero Mexicano", Porrúa, México, 2008, p. 411.

84 ERNST & YOUNG GLOBAL LIMITED, «EY Worldwide Transfer Pricing Reference Guide 2020–2021», [en linea], (2022), <https://assets.ey.com/content/dam/ey-sites/ey-com/en_gl/topics/tax/tax-guides/2022/ey-transfer-pricing-guide-6-may-2022.pdf?download> [consulta: 27/11/22] pp. 476-485.

A. Los precios de transferencia

El término de precios de transferencia se refiere a las contraprestaciones pactadas en las transacciones entre partes relacionadas, que pueden implicar la cesión de bienes tangibles e intangibles, tales como tecnología, marcas, servicios, financiamiento, arrendamiento, entre otros. Así, las reglas de precios de transferencia se aplican a contribuyentes que llevan a cabo negocios con partes relacionadas nacionales o extranjeras. Las reglas disponen que el beneficio imponible de estos contribuyentes se determine conforme al principio de valor de mercado, es decir, con base en lo que determinarían terceros independientes en condiciones similares, por lo que los precios de transferencia afectan directamente las bases gravables de las entidades involucradas.[85]

Continuando con nuestra exploración, en general la palabra precio refiere al "valor pecuniario en que se estima algo" o "contraprestación dineraria", en general es una expresión monetaria de valor de un bien o servicio; por su parte, para efectos del presente trabajo, por "transferencia" entenderemos la acción o efecto de transferir, o sea, "pasar o llevar algo de un ligar a otro".[86] Sin embargo, en el caso concreto de las empresas sujetas al control BEP's, como lo destacamos al incluirse en normas jurídicas, constituyen una base gravable, una especie de hecho imponible ampliado.

B. Aspectos asociados a los precios de transferencia

1) Declaración maestra de partes relacionadas, que proporciona una visión general de los grupos multinacionales

---

85 KPMG, «Precios de transferencia. Ocho consideraciones para las empresas con transacciones entre partes relacionadas» [en linea], (2022), <https://home.kpmg/mx/es/home/campaigns/2021/10/precios-de-transferencia.html#:~:text=El%20t%C3%A9rmino%20de%20precios%20de,financiamiento%2C%20arrendamiento%2C%20entre%20otros> [consulta: 27/07/22].

86 Cfr. RAE, «Diccionario de la lengua española», [versión 23.6 en línea], <https://dle.rae.es> [24/01/2023].

en relación con un negocio, para ayudar a las autoridades tributarias a evaluar la presencia de riesgos. Esta declaración se incorporó en el artículo 76-A, fracción I, de la Ley del Impuesto sobre la Renta (LISR) para evitar la erosión de la base gravable y transferencia de utilidades, y debe contener información global del grupo: como su estructura, actividades intangibles y financieras, y posición financiera y fiscal. Además, debe presentarse por cada línea de negocio. Toda la información se debe poner a disposición de las autoridades.[87]

2) Declaración local de partes relacionadas, que se regula en el artículo 76-A, fracción II, de la Ley del Impuesto sobre la Renta, y describe la estructura organizacional, actividades estratégicas y de negocio, así las operaciones con partes relacionadas, y la información financiera del contribuyente obligado y de las operaciones o empresas utilizadas como comparables en sus análisis; en ese contexto, permite a las autoridades fiscales conocer que el contribuyente ha cumplido con el principio de plena competencia (*arm's length*) por sus operaciones intragrupo realizadas con partes relacionadas nacionales y extranjeras.[88]

3) Declaración país por país (CBCR, por sus siglas en inglés), que se regula en el artículo 76, fracción III, de la Ley del Impuesto sobre la Renta, se relaciona con la distribución mundial de ingresos e impuestos pagados; indicadores de localización de las actividades económicas en las jurisdicciones fiscales en las que opera el grupo empresarial multinacional; y un listado de todas las entidades integrantes del grupo empresarial multinacional, y de sus establecimientos permanentes.[89] Deben presentarla personas morales controladoras multinacionales residentes en México, o personas morales residentes en territorio nacional

---

87 Ibídem.
88 Ibídem.
89 Ibídem.

o residentes en el extranjero con establecimiento permanente en el país.

4) Análisis de cadena de suministro, que desarrolla una cadena eficiente en la que se integren los temas fiscales como uno de los componentes del proceso total del negocio. Mediante un profundo entendimiento de las cargas impositivas y de las disposiciones de precios de transferencia es posible lograr un importante ahorro de recursos a largo plazo. La asesoría de un tercero calificado permite a la compañía crear economías de escala, eficiencia operativa e impactar positivamente en el servicio al cliente, logrando así una optimización de la cadena de suministro.[90]
5) Aplicación práctica de Precios de Transferencia, en donde se involucran tres aspectos clave: procesos, tecnología y personal.[91]
6) Documentación, que aplica a los contribuyentes con operaciones con partes relacionadas que necesitan identificar oportunidades en cuanto a precios de transferencia y mitigar los riesgos. La correspondiente documentación les permite soportar sus acuerdos en esta materia, así como transferir la carga de la prueba a las autoridades fiscales.[92]
7) Acuerdos de precios anticipados (APA), que se regulan en los artículos 34-A del Código Fiscal de la Federación, en relación con el artículo 179 de la Ley del Impuesto sobre la Renta, que permite a los contribuyentes solicitar al Servicio de Administración Tributaria (SAT) que resuelva las consultas que formulen relativas a la metodología utilizada en la determinación de los precios o montos de las contraprestaciones, en operaciones con partes relacionadas,[93] estas resoluciones unilaterales o bilaterales, brindan certeza jurídica en la materia.[94]

---

90 Ibídem.
91 Ibídem.
92 Ibídem.
93 Ibídem.
94 Ibídem.

En el caso de los Acuerdo Anticipado de Precios y de la disponibilidad de Oportunidades de Procedimientos Mutuos (unilateral, bilateral y multilateral), en la *Guía EY de Referencia de los Precios de Transferencia*, se dice: Los APA unilaterales y bilaterales se regulan en el artículo 34-A del Código Fiscal de la Federación y los tratados fiscales suscritos por México, respectivamente. Los APA unilaterales pueden cubrir el año fiscal de la solicitud, los tres años fiscales posteriores y una reversión de un año. La Regla Transitoria 2.9.8 del Resolución Miscelánea Fiscal permite realizar consultas al SAT en materia de precios de transferencia. Con lo que se muestra que existen medidas alineadas al plan de acción BEPS que se incorporaron a la legislación interna.[95]

8) Reestructuras de negocios, las organizaciones evolucionan y reestructuran sus operaciones con el fin de adaptarse a las circunstancias de negocio y económicas. En este sentido, es importante que los contribuyentes cuenten con una visión de los efectos respecto a precios de transferencia, así como las implicaciones de cumplimiento fiscal local, entre ellos: revelación de esquemas reportables, revelación de operaciones relevantes (Forma 76), determi-

---

95 ERNST & YOUNG GLOBAL LIMITED, «EY Worldwide Transfer Pricing Reference Guide 2020–2021», [en linea], (2022), <https://assets.ey.com/content/dam/ey-sites/ey-com/en_gl/topics/tax/tax-guides/2022/ey-transfer-pricing-guide-6-may-2022.pdf?download> [consulta: 27/11/22]., en donde se lee: Advance Pricing Agreement and Mutual Agreement Procedure opportunities • Availability (unilateral, bilateral and multilateral) Unilateral and bilateral APAs are available under Article 34-A of the FFC and Mexico's tax treaties, respectively. Unilateral APAs can cover the fiscal year of the application, the three subsequent fiscal years and a one-year rollback. Temporary Rule 2.9.8 of the MTR allowed the SAT to perform a functional analysis as part of the study and evaluation processes of the information, data and documentation for purposes of identifying and specifying performed functions, assets used and risks borne in transactions under consultation. Specifically, in APA requests, there are measures aligned to the BEPS action plan that have been incorporated into domestic legislation.

nación de valor para efectos fiscales en transferencia de activos intangibles o de acciones, cumplimiento de reglas en operaciones relacionadas con pagos al extranjero y regímenes fiscales preferentes (REFIPRES).[96]

Lo anterior nos lleva al análisis de los artículos 76, fracción IX, 90, 176 y siguientes del Título VI "De las entidades extranjeras controladas sujetas a regímenes fiscales preferentes, de las empresas multinacionales y de las operaciones celebradas entre partes relacionadas", de la Ley del Impuesto sobre la Renta, reforma del 12 de noviembre de 2021, se desprenden las reglas siguientes:

- Los contribuyentes que celebren operaciones con partes relacionadas están obligados a determinar sus ingresos acumulables y sus deducciones autorizadas, considerando, para esas operaciones, los precios, montos de contraprestaciones o márgenes de utilidad que hubieran utilizado u obtenido con o entre partes independientes en operaciones comparables. En caso contrario, las autoridades fiscales podrán determinar los ingresos acumulables y las deducciones autorizadas de los contribuyentes, mediante la determinación del precio, monto de la contraprestación o márgenes de utilidad en operaciones celebradas entre partes relacionadas, considerando, para esas operaciones, los precios, montos de contraprestaciones o márgenes de utilidad que hubieran utilizado u obtenido con o entre partes independientes en operaciones comparables, mediante la aplicación de los métodos establecidos en el artículo 180 de la Ley, ya sea que éstas sean con personas morales, residentes en el país o en el extranjero personas físicas y establecimientos permanentes en el país de residentes en el extranjero, así como en el caso de las actividades realizadas a través de fideicomisos. Se considera que dos o más personas son partes relacionadas, cuando una participa de manera directa o indirecta en la administración, control o capital de la otra, o cuando una persona o grupo de personas participe, directa o in-

96 Ibídem.

directamente, en la administración, control o en el capital de dichas personas, o cuando exista vinculación entre ellas de acuerdo con la legislación aduanera.

- Obtener y conservar la documentación comprobatoria, con la que demuestren que el monto de sus ingresos y deducciones se efectuaron de acuerdo a los precios, montos de contraprestaciones o márgenes de utilidad, que hubieran utilizado u obtenido con o entre partes independientes en operaciones comparables, la cual deberá contener los siguientes datos:
  a) El nombre, denominación o razón social, domicilio y residencia fiscal, de las personas relacionadas con las que se celebren operaciones, así como la documentación que demuestre la participación directa e indirecta entre las partes relacionadas.
  b) Información relativa a las funciones o actividades, activos utilizados y riesgos asumidos por el contribuyente y la parte o partes relacionadas con las que se celebren operaciones, por cada tipo de operación.
  c) Información y documentación sobre las operaciones con partes relacionadas y sus montos, por cada parte relacionada y por cada tipo de operación de acuerdo a la clasificación, así como con los datos y elementos de comparabilidad que establece el artículo 179 de la Ley.
  d) El método aplicado conforme al artículo 180 de esta Ley, incluyendo la información y la documentación sobre operaciones o empresas comparables por cada tipo de operación, así como el detalle en la aplicación de los ajustes que, en su caso, se hayan realizado en los términos del artículo 179, tercer párrafo de esta Ley.
- El ejercicio de las facultades de comprobación respecto a la obligación prevista en esta fracción solamente se podrá realizar por lo que hace a ejercicios terminados.
- En el caso de contribuyentes que realicen actividades empresariales, estarán obligados cuando los ingresos ob-

tenidos en el ejercicio inmediato hayan excedido los $13 millones de pesos; para aquellos contribuyentes cuyos ingresos deriven de servicios profesionales, estarán obligados cuando sus ingresos en el ejercicio inmediato anterior superen los $3 millones de pesos mexicanos.

- La documentación e información a que se refiere esta fracción deberá registrarse en contabilidad, identificando en la misma el que se trata de operaciones con partes relacionadas.
- La obligación a cargo de los residentes en México y los residentes en el extranjero con establecimiento permanente en el país, de pagar el impuesto por los ingresos sujetos a regímenes fiscales preferentes que obtengan a través de entidades extranjeras en las que participen, directa o indirectamente, en la proporción que les corresponda por su participación en ellas, con diversas reglas para el tema de control, restructuración, consolidación, exención de pérdidas y ganancias cambiarias, etc., con facultades y competencias otorgadas a las autoridades fiscales (a. 176).
- La regla de que los ingresos a que se refiere el artículo 176 de esta Ley serán gravables para el contribuyente en el ejercicio en que se generen en la proporción de su participación directa o indirecta en la entidad extranjera que los perciba, aun cuando ella no se los distribuya al contribuyente, con reglas para fluctuaciones cambiarias, pérdida fiscal, control societario, disposición de la contabilidad de entidades extranjeras, ingresos gravables, impuestos pagados, dividendos, liquidación, requisitos de la contabilidad, facultades de comprobación para determinar la simulación de actos jurídicos, para gravar el hecho imponible efectivamente realizado por las partes, requisitos de las determinaciones de las autoridades fiscales; (art. 177).
- Presentación de declaración informativa sobre los ingresos sujetos a regímenes fiscales preferentes, o en sociedades o entidades cuyos ingresos estén sujetos a dichos regímenes, destacando que se consideran ingresos sujetos a regímenes fiscales preferentes, tanto los depósitos como

los retiros. La obligación se impone a los contribuyentes que realicen operaciones a través de entidades extranjeras transparentes fiscales y figuras jurídicas extranjeras a que se refiere el artículo 4-B, si no la declaración no contiene la información relativa a la totalidad de los ingresos que el contribuyente haya generado o genere sujetos a regímenes fiscales preferentes se considera omisión (art. 178).

En el Capítulo II "De las empresas multinacionales y de las operaciones celebradas entre partes relacionadas", también reforma publicada en el Diario Oficial de la Federación del 12 de noviembre de 2021, encontramos que:

- Dos o más personas son partes relacionadas, cuando una participa de manera directa o indirecta en la administración, control o capital de la otra, o cuando una persona o grupo de personas participe directa o indirectamente en la administración, control o capital de dichas personas (art. 179).
- En el caso de asociaciones en participación, se consideran como partes relacionadas sus integrantes, así como las personas que conforme a este párrafo se consideren partes relacionadas de dicho integrante (art. 179).
- Se consideran partes relacionadas de un establecimiento permanente, la casa matriz u otros establecimientos permanentes de la misma, así como las personas señaladas en el párrafo anterior y sus establecimientos permanentes (art. 179).
- Salvo prueba en contrario, se presume que las operaciones entre residentes en México y sociedades o entidades sujetas a regímenes fiscales preferentes, son entre partes relacionadas en las que los precios y montos de las contraprestaciones no se pactan conforme a los que hubieran utilizado partes independientes en operaciones comparables (art. 179).
- La obligación de los contribuyentes que celebren operaciones con partes relacionadas de determinar sus ingresos acumulables y deducciones autorizadas, considerando para esas operaciones los precios, montos de contrapres-

taciones o márgenes de utilidad que hubieran utilizado u obtenido con o entre partes independientes en operaciones comparables; la facultad de las autoridades fiscales podrán determinar los ingresos acumulables y deducciones autorizadas de los contribuyentes, mediante la determinación del precio, monto de la contraprestación o margen de utilidad en operaciones celebradas entre partes relacionadas considerando para esas operaciones los precios, montos de contraprestaciones o márgenes de utilidad, lo que abarca a las actividades realizadas a través de fideicomisos. Se considera que las operaciones o las empresas son comparables, cuando no existan diferencias entre éstas que afecten significativamente el precio o monto de la contraprestación o el margen de utilidad a que hacen referencia los métodos establecidos en el artículo 180 de esta Ley, y cuando existan diferencias, éstas se eliminen mediante ajustes razonables; las funciones o actividades, incluyendo los activos utilizados y riesgos asumidos en las operaciones, de cada una de las partes involucradas en la operación; los términos contractuales; las circunstancias económicas; las estrategias de negocios, incluyendo las relacionadas con la penetración, permanencia y ampliación del mercado (art. 179).

- Los elementos para determinar las diferencias son: las características de las operaciones, como: a) en el caso de financiamiento, elementos tales como el monto del principal, plazo, garantías, solvencia del deudor y tasa de interés; b) en el caso de prestación de servicios, la naturaleza del servicio, y si involucra o no una experiencia o conocimiento técnico; c) en el caso de uso, goce o enajenación, de bienes tangibles, las características físicas, calidad y disponibilidad del bien; d) en el caso de la explotación o transmisión de un bien intangible, como una patente, marca, nombre comercial o transferencia de tecnología, la duración y el grado de protección; y e) en el caso de enajenación de acciones, el capital contable actualizado de la emisora, el valor presente de las utilidades o flujos de efectivo proyectados o la cotización bursátil del último hecho del día de la enajenación de la emisora (art. 179).

- Se considera la información de las operaciones comparables, correspondiente al ejercicio sujeto a análisis y únicamente cuando los ciclos de negocios o aceptación comercial de un producto del contribuyente cubran más de un ejercicio, se podrá considerar información de operaciones comparables correspondientes a dos o más ejercicios, anteriores o posteriores (art. 179).
- Se incorporan al régimen legal mexicano, como norma de interpretación para el capítulo, las Guías sobre Precios de Transferencia para las Empresas Multinacionales y las Administraciones Fiscales, aprobadas por el Consejo de la Organización para la Cooperación y el Desarrollo Económico en 1995, o aquéllas que las sustituyan, en la medida en que las mismas sean congruentes con las disposiciones de esta Ley y de los tratados celebrados por México.

En lo que se refiere a los métodos para calcular los Precios de Transferencia en México, para obtener un rango de precios, de montos de las contraprestaciones o de márgenes de utilidad, cuando existan dos o más operaciones comparables, el artículo 180 de la Ley del Impuesto sobre la Renta, menciona:

- Método de precio comparable no controlado, considera el precio o el monto de las contraprestaciones que se hubieran pactado con o entre partes independientes en operaciones comparables (art. 180).
- Método de precio de reventa, que consiste en determinar el precio de adquisición de un bien, de la prestación de un servicio o de la contraprestación de cualquier otra operación entre partes relacionadas, multiplicando el precio de reventa, o de la prestación del servicio o de la operación de que se trate por el resultado de disminuir de la unidad, el por ciento de utilidad bruta que hubiera sido pactado con o entre partes independientes en operaciones comparables (art. 180).
- Método de costo adicionado, que consiste en determinar el precio de venta de un bien, de la prestación de un servi-

cio o de la contraprestación de cualquier otra operación, entre partes relacionadas, multiplicando el costo del bien, del servicio o de la operación de que se trate por el resultado de sumar a la unidad el por ciento de utilidad bruta que hubiera sido pactada con o entre partes independientes en operaciones comparables (art. 180).

- Método de partición de utilidades, que consiste en asignar la utilidad de operación obtenida por partes relacionadas, en la proporción que hubiera sido asignada con o entre partes independientes, conforme a lo siguiente: a) se determinará la utilidad de operación global mediante la suma de la utilidad de operación obtenida por cada una de las personas relacionadas involucradas en la operación, y b) La utilidad de operación global se asignará a cada una de las personas relacionadas considerando elementos tales como activos, costos y gastos de cada una de las personas relacionadas, con respecto a las operaciones entre dichas partes relacionadas (art. 180).
- Método residual de partición de utilidades, que consiste en asignar la utilidad de operación obtenida por partes relacionadas, en la proporción que hubiera sido asignada con o entre partes independientes conforme a lo siguiente: a) Se determinará la utilidad de operación global mediante la suma de la utilidad de operación obtenida por cada una de las personas relacionadas involucradas en la operación, y b) la utilidad de operación global se asignará de la siguiente manera: 1. Se determinará la utilidad mínima que corresponda en su caso, a cada una de las partes relacionadas mediante la aplicación de cualquiera de los métodos a que se refieren las fracciones I, II, III, IV y VI de este artículo, sin tomar en cuenta la utilización de intangibles significativos, y 2. Se determinará la utilidad residual, la cual se obtendrá disminuyendo la utilidad mínima a que se refiere el apartado 1 anterior, de la utilidad de operación global. Esta utilidad residual se distribuirá entre las partes relacionadas involucradas en la operación tomando en cuenta, entre otros elementos, los intangibles significativos utilizados por cada una de ellas, en la proporción en que hu-

biera sido distribuida con o entre partes independientes en operaciones comparables (art. 180).

- Método de márgenes transaccionales de utilidad de operación, que consiste en determinar en transacciones entre partes relacionadas, la utilidad de operación que hubieran obtenido empresas comparables o partes independientes en operaciones comparables, con base en factores de rentabilidad que toman en cuenta variables tales como activos, ventas, costos, gastos o flujos de efectivo (art. 180).
- Los rangos de precios, de montos de las contraprestaciones o de márgenes de utilidad se ajustan mediante la aplicación del método intercuartil establecido en el Reglamento de la Ley, del método acordado en el marco de un procedimiento amistoso señalado en los tratados para evitar la doble tributación de los que México es parte o del método autorizado conforme a las reglas de carácter general que al efecto expida el Servicio de Administración Tributaria (art. 180).
- Si el precio, monto de la contraprestación o margen de utilidad del contribuyente se encuentra dentro de estos rangos, dichos precios, montos o márgenes se considerarán como pactados o utilizados entre partes independientes. En caso de que el contribuyente se encuentre fuera del rango ajustado, se considerará que el precio o monto de la contraprestación que hubieran utilizado partes independientes, es la mediana de dicho rango (art. 180).
- Existe una primacía de métodos al destacar que los contribuyentes deberán aplicar en primer término el método previsto por la fracción I de este artículo, y sólo podrán utilizar los métodos señalados en las fracciones II, III, IV, V y VI del mismo, cuando el método previsto en la fracción I citada no sea el apropiado para determinar que las operaciones realizadas se encuentran a precios de mercado de acuerdo con las Guías de Precios de Transferencia para las Empresas Multinacionales y las Administraciones Fiscales a que se refiere el último párrafo del artículo 179 de esta Ley (art. 180).

- Como regla de verificación se destaca que para los efectos de la aplicación de los métodos previstos por las fracciones II, III y VI de este artículo, se considerará que se cumple la metodología, siempre que se demuestre que el costo y el precio de venta se encuentran a precios de mercado. Para estos efectos se entenderán como precios de mercado, los precios y montos de contraprestaciones que hubieran utilizado con o entre partes independientes en operaciones comparables o cuando al contribuyente se le haya otorgado una resolución favorable en los términos del artículo 34-A del Código Fiscal de la Federación. Deberá demostrarse que el método utilizado es el más apropiado o el más confiable de acuerdo con la información disponible, debiendo darse preferencia a los métodos previstos en las fracciones II y III de este artículo (art. 180).
- Por último, destaca el precepto que para sus efectos y del artículo 179 de esta Ley, los ingresos, costos, utilidad bruta, ventas netas, gastos, utilidad de operación, activos y pasivos, se determinarán con base en las normas de información financiera (art. 180).

También se regula el caso de las maquiladoras, en los términos destacados a continuación: Se excluye del concepto de "establecimiento permanente en el país" a los residentes en el extranjero que mantengan con empresas que lleven a cabo operaciones de maquila, que procesen habitualmente en el país, bienes o mercancías mantenidas en el país por el residente en el extranjero, utilizando activos proporcionados, directa o indirectamente, por el residente en el extranjero o cualquier empresa relacionada, siempre que México haya celebrado, con el país de residencia del residente en el extranjero, un tratado para evitar la doble imposición y se cumplan los requisitos del tratado (art. 181). Para complementar el contenido del artículo 181, se establecen reglas para documentar las operaciones de las empresas maquiladoras (art. 182). También reglas para las empresas con programa de maquila bajo la modalidad de albergue (183-Bis) y en materia de declaración complementaria en la que se refleje el ajuste a los precios o montos de contraprestaciones correspondiente (art. 184).

Un tema adicional es la reestructuras de negocios para adaptarse a las circunstancias, con una visión de los efectos respecto a precios de transferencia, así como las implicaciones de cumplimiento fiscal local, entre ellos: revelación de esquemas reportables, revelación de operaciones relevantes (Forma 76), determinación de valor para efectos fiscales en transferencia de activos intangibles o de acciones, cumplimiento de reglas en operaciones relacionadas con pagos al extranjero y regímenes fiscales preferentes (REFIPRES).[97] Sin ignorar que la introducción del informe de febrero de 2013 *Addressing Base Erosion and Profit Shifting* (Lucha contra la erosión de la base imponible y el traslado de beneficios; el informe BEPS, OCDE, 2013) define el desafío que afrontan los países como una "*planificación dirigida a trasladar los beneficios en formas que erosionen la base imponible hacia sitios donde estén sujetos a un trato fiscal más favorable*".[98]

Como se advierte, el problema del traslado de beneficios en el que incurren empresas multinacionales se pretende resolver con medidas que básicamente instituyen hechos imponibles, bases gravables ampliadas y medidas de control fiscal.

En ese contexto, ya podemos referirnos, en primer lugar, al problema de lo fiscal como actividad soberana de un Estado. Desde la antigüedad —lo que se hace evidente en Los seis libros de la República de Jean Bodin—[99] se tiene claro que el soberano es quien fija los impuestos y los condona; hoy tenemos a la burocracia de un mecanismo multilateral, como es la OCDE, decidiendo los temas tributarios de los países que lo integran; lo anterior lle-

---

97 Ibídem.

98 OCDE, «BEPS Acción 13, Informes país por país. Manual para la implementación efectiva», [en linea], (2017), <https://www.oecd.org/tax/beps/informes-pais-por-pais-manual-para-la-implementacion-efectiva.pdf> [consulta: 27/11/22] p. 6.

99 Como lo destaca Bodin "El primer atributo del príncipe soberano es el poder de dar leyes a todos en general y a cada uno en particular (...), así: El derecho de gravar a los súbditos con contribuciones e impuestos, o de eximir de ellos a algunos, deriva también del de dar a ley y los privilegios. (BODIN, JEAN, "Los seis libros de la República", selec., tr., y est., Pedro Bravo Gala, Tecnos, Madrid, 1997 pp. 74 y 83).

va a dejar en manos de una burocracia multinacional la determinación de aspectos soberanos, como lo son el determinar las bases gravables o hechos imponibles de Sistema Tributario del país. Un tema adicional, como se advierte del análisis que hemos realizado es la complejidad y especialización del mecanismo. Lo que evidentemente puede mejorar la recaudación, pero también, eventualmente puede llevar al desestimulo de actividades productivas o inversiones, lo que constituyen consecuencias económicas predecibles.

En lo que se refiere a la compatibilidad del mecanismo BEPS con los "cuatro cánones de la tributación general" de Adam Smith: podemos destacar que, como en su visión de lo tributario, son los súbditos quienes deben contribuir al sostenimiento del gobierno en la medida de lo posible en proporción a sus respectivas capacidades, parece que el mecanismo BEPS contribuye a ese objetivo. No obstante, se debe mencionar que las empresas multinacionales, destinatarias del mecanismo BEPS, cuenta con diversas identidades mercantiles, en la medida en que inciden con sus actividades en las jurisdicciones de varios países.

En atención a que, para Adam Smith, el impuesto que cada individuo debe pagar debe ser cierto y no arbitrario, debemos ser cuidadosos con el mecanismo BEPS porque la establecer de manera unilateral precios de transferencia, no sólo impacta en la actividad económica de las empresas reguladas, eventualmente, impone medidas unilaterales para determinar el tributo, lo que no contribuye a la certeza y si, en cambio, a la arbitrariedad en los tributos.

En ese sentido, también se ignora la tercera regla de Smith, que establece que todos los impuestos deben ser recaudados en el momento y la forma que probablemente resulten más convenientes para el contribuyente. Con el mecanismo BEPS, la conveniencia de la recaudación tributaria se instituye en beneficio del Estado o de los Estados integrados a él, pero no necesariamente en beneficio del contribuyente.

También, es evidente que, como lo menciona Smith, todos los impuestos deben estar diseñados para extraer de los bolsillos de los contribuyentes o para impedir que entre en ellos la menor suma posible más allá de lo que ingresan en el tesoro público, porque un impuesto excesivo genera una gran tentación de evadirlo y su recaudación puede requerir un gran número de funcionarios, además, porque crea la tentación y castiga a los que ceden a ella, lo que muestra que en el largo plazo, las medidas BEPS, en lugar de estimular el pago de impuestos pueden desincentivarlo.

Por último, se debe advertir un problema de constitucionalidad, al incorporar al régimen legal mexicano las Guías sobre Precios de Transferencia para las Empresas Multinacionales y las Administraciones Fiscales, aprobadas por el Consejo de la Organización para la Cooperación y el Desarrollo Económico en 1995, o aquéllas que las sustituyan, no sólo se pierde "soberanía" y Congreso delega la facultad legislativa que no es delegable, se viola el principio de reserva de ley en materia tributaria y se fractura el principio de tipicidad en materia fiscal, No se subsana esa inconstitucionalidad con el hecho de que se establezca que esas Guías deben ser "congruentes" con las disposiciones de la Ley del Impuesto sobre la Renta o con los tratados celebrados por México, porque, al no existir control previo de constitucionalidad en el país, nada garantiza que efectivamente lo sean.

BIBLIOGRAFÍA

BODIN, JEAN, "*Los seis libros de la República*", selec., tr., y est., Pedro Bravo Gala, Tecnos, Madrid, 1997.

DE LA GARZA, S., F., "*Derecho Financiero Mexicano*", Porrúa, México, 2008.

ERNST & YOUNG GLOBAL LIMITED, «EY Worldwide Transfer Pricing Reference Guide 2020–2021», [en linea], (2022), <https://assets.ey.com/content/dam/ey-sites/ey-com/en_gl/topics/tax/tax-guides/2022/ey-transfer-pricing-guide-6-may-2022.pdf?download> [consulta: 27/11/22].

KPMG, «Precios de transferencia. Ocho consideraciones para las empresas con transacciones entre partes relacionadas» [en linea], (2022), <https://home.kpmg/mx/es/home/campaigns/2021/10/precios-de-transferencia.html#:~:text=El%20t%C3%A9rmino%20de%20precios%20de,financiamiento%2C%20arrendamiento%2C%20entre%20otros> [consulta: 27/07/22].

MENDOZA LÓPEZ, D., T., "La lucha del derecho internacional tributario contra la planeación fiscal agresiva", *Anuario Mexicano de Derecho Internacional*, Vol. 16, Enero-Diciembre de 2016.

MONTIEL RODRÍGUEZ, D., A., SALGADO GUZMÁN, S., A., SOLÍS SALZAR, R., M., "El informe BEPS y la legislación fiscal mexicana (BEPS, Erosión de la base imponible y traslado de beneficios), *Horizontes de la Contaduría en las Ciencias Sociales*, 6, Enero-Junio 2017.

OCDE, «BEPS Acción 13, Informes país por país. Manual para la implementación efectiva», [en linea], (2017), <https://www.oecd.org/tax/beps/informes-pais-por-pais-manual-para-la-implementacion-efectiva.pdf> [consulta: 27/11/22].

OCDE, «International collaboration to end tax avoidance», [en linea], (2021) <https://www.oecd.org/tax/beps/> [consulta: 13/07/22].

OCDE, «Marco Inclusivo sobre BEPS de la OCDE y el G-20» [en linea], (2018) <https://www.oecd.org/tax/beps/folleto-marco-inclusivo-sobre-beps.pdf> [consulta: 12/07/22].

OCDE, «Proyecto sobre Erosión de la Base Imponible y Traslado de Beneficios (BEPS) de la OCDE y el G20. Enfoque de dos pilares para abordar los desafíos fiscales derivados de la digitalización de la economía» [en linea], (2022) < https://www.oecd.org/tax/beps/puntos-destacados-enfoque-de-dos-pilares-para-abordar-los-desafios-fiscales-derivados-de-la-digitalizacion-de-la-economia-octubre-2021.pdf.> [consulta: 12/07/22].

OCDE, "Harmful Tax Competition. An Emerging Global Issue", OCDE, 1998.

RAE, «Diccionario de la lengua española», [versión 23.6 en línea], <https://dle.rae.es> [24/01/2023].

SMITH, A., "La riqueza de las naciones", Alianza, Madrid, 1996.

TPC GROUP, «Precios de Transferencia en México», [en linea], (2022) <https://tpcgroup-int.com/servicios/precios-de-transferencia/mexico/> [consulta: 27/07/22].

TRADUCCIÓN JURÍDICA, «Qué significa la expresión Arms' Length Basis», [en linea], (2021), <https://traduccionjuridica.es/que-significa-la-expresion-arms-length-basis/> [Consulta: 27/07/22].

VARIOS, "*Profit Shifting and "Aggressive" Tax Planning by Multinational Firms: Issues and Options for Reform, Discussion Paper No. 13-078*", Zenrum für Eiropäische Wirtschaftsforschung, Alemania, 2013.

EL PLAN BEPS DE LA OCDE COMO MECANISMO CONTRA LAS MALAS PRÁCTICAS FISCALES INTERNACIONALES DE LAS MULTINACIONALES

Beatriz Camarillo Cruz[100]

I. INTRODUCCIÓN

La internacionalización de la economía ha modificado sustancialmente la forma en que los actores interactúan; la globalización de los mercados y de la producción impone retos mayúsculos a los Estados nacionales en diversos sectores, entre otros, en el diseño y puesta en operación de los sistemas de fiscalidad internacional para hacer frente a las prácticas distorsionadas de la competencia y de elusión fiscal de algunas empresas multinacionales. OLIVER E. WILLIAMSON en la década de los ochenta señalaba que las empresas, los mercados y la contratación son las más importantes instituciones económicas del capitalismo y al mismo tiempo el producto evolutivo de una serie de innovaciones en la organización.[101]

Si las empresas innovan de cara a la mejora de su rendimiento, lo mismo tienen que hacer los gobiernos frente al diseño de sus sistemas impositivos en un entorno global y el Plan BEPS (*Base Erosión and Profit Shifting*) de la OCDE es una muestra de ello. Una década después de su puesta en operación en 2013, resulta de interés mostrar algunos de sus planteamientos y alcances para que, a partir de las lecciones aprendidas, se reflexione sobre algunas futuras acciones.

---

100 Doctoranda en la Universidad de Salamanca, España y profesora de asignatura en la Facultad de Ciencias Políticas y Sociales de la Universidad Nacional Autónoma de México.

101 WILLIAMSON, O., E., "Las instituciones económicas del capitalismo" Fondo de Cultura Económica, México, 1989. p. 26

II. CONTEXTO INTERNACIONAL DEL IMPULSO BEPS

El plan contra la Erosión de Bases Imponibles y Traslado de Beneficios, BEPS, por sus siglas en inglés (*Base Erosión and Profit Shifting*), es una estrategia contra la evasión fiscal de las empresas multinacionales impulsado por la OCDE y el G20 desde septiembre de 2013, a fin de dotar a los Estados de soluciones y directrices para solventar los vacíos normativos en la materia a escala internacional, y para evitar que los beneficios que deberían reportar las empresas multinacionales a las economías de los Estados donde tienen cadenas de valor desaparezcan o sean trasladados artificialmente hacia jurisdicciones con una tributación más beneficiosa para ellos.

El objetivo, por tanto, fue proponer herramientas para paliar los efectos negativos de la llamada erosión fiscal en un contexto de comercio internacional intensivo, el cual fue diseñado con base en un sistema fiscal internacional desarrollado desde hace más de un siglo en el contexto de la Sociedad de Naciones en la segunda década del siglo pasado para evitar la doble imposición, siendo los primeros modelos de convenio bilateral, primero el denominado Modelo de Convenio de México de 1943 y el de Londres en 1946.[102] Es decir, el actual marco de coordinación internacional está construido sobre un conjunto de principios y reglas basados en la presencia física de las empresas en los territorios para desarrollar sus negocios. Sin embargo, la revolución tecnológica digital provoca que cada vez sea más sencillo para una empresa desarrollar una actividad en un país sin tener presencia física en él.[103]

Para la OCDE el paquete BEPS representa la primera renovación sustancial de los estándares fiscales internacionales en casi un siglo, por lo que su renovación era vital para garantizar la sos-

102 CF. CF.
OCDE. Modelo de Convenio Tributario sobre la Renta y sobre el Patrimonio, versión abreviada, OCDE y el Instituto de Estudios Fiscales, 2010. p. 7

103 Cf. LÓPEZ LABORDA, J., y ONRUBIA, J., "Retos a los que se enfrenta la fiscalidad de las multinacionales: las propuestas de la OCDE", Revista de Economía ICE. N.º 917. Noviembre-diciembre 2020.

tenibilidad del actual marco jurídico internacional para el gravamen de actividades transfronterizas y la eliminación de la doble imposición.[104]

La recaudación de impuestos es un elemento clave en el desarrollo de los países, no obstante, dada la naturaleza de las actividades productivas internacionales y el diseño de un modelo tributario internacional basado en economías nacionales, se presentan serias dificultades para los países en su conjunto al operar y poner en marcha todas las posibilidades de los esquemas fiscales. Está claro que hoy por hoy las respuestas a los retos que se presentan a escala internacional necesariamente deben pensarse desde una doble óptica, atendiendo a los principios constitucionales y legales de los países para garantizar los principios de legalidad tributaria, pero al mismo tiempo, establecer mecanismos de cooperación y transparencia pensados a escala planetaria. Esta dualidad es precisamente importante si se entiende que son los Estado nación los que finalmente operan y diseñan las normas y esquemas institucionales para hacer frente, por ejemplo, a prácticas de evasión o elusión fiscal internacional.

Por lo tanto, el proyecto de acciones BEPS impulsado por la OCDE en 2013 se refiere al análisis de las estrategias de planificación fiscal utilizadas para evitar que las empresas multinacionales eludan el impuesto de sociedades, aprovechando las discrepancias e inconsistencias existentes entre los sistemas fiscales nacionales, cambiando artificiosamente los beneficios a lugares de escasa o nula tributación, y en donde la empresa apenas realiza actividad económica alguna.[105]

Bajo esta tesitura, es importante al menos mencionar brevemente, qué se entiende por el uso de estrategias de planificación fiscal agresiva implementadas por las empresas multinacionales;

---

104 OCDE «Proyecto de la OCDE y del G-20 sobre la Erosión de la Base Imponible y el Traslado de Beneficios», [en línea], (2016) <https://doi.org/10.1787/9789264263567-es> [consulta: 10/01/23].

105 OCDE. «El proyecto BEPS y los países en desarrollo: de las consultas a la participación», [en línea], (2014) <https://www.oecd.org/ctp/estrategia-fortalecimiento-paises-en-desarrollo.pdf> [consulta: 15/12/22].

es decir, se trata de aquellas prácticas de simulación con apariencia de legalidad llevadas a cabo por personas físicas o jurídicas para eludir sus obligaciones fiscales en los espacios nacionales en los que verdaderamente operan, arropados por la dinámica de la globalización y favorecidos por el uso intensivo de tecnologías. CALVO VÉRGEZ señala que se trata de la planificación que no pudiéndose calificar como evasión fiscal no pueda ser amparad por una interpretación razonable de la norma.[106]

Al respecto, LAGO MONTERO señala que las conductas evasoras se aprovechan de las ventajas de la globalización y de los sistemas tributarios progresivos, como lo es, por ejemplo, el sistema de la Unión Europea, que entre otros, se encuentra fundado en los principios de la libre circulación de las personas, bienes, servicios y capitales, y el libre establecimiento de empresas, lo que conforma el marco idóneo para la deslocalización de personas y negocios; en otras palabras, para este autor la globalización y el desarrollo de nuevas tecnologías de la información y comunicación facilitan de alguna forma el desarrollo de la economía sumergida, generando un "cóctel BEPS" o "cóctel Molotov fiscal" con múltiples causas que lo originan.[107]

En efecto, los objetivos del plan BEPS son prevenir la elusión fiscal internacional a partir de expedir normas claras para la correcta recaudación en la fuente en donde se originó la riqueza. Las empresas multinacionales tienen modelos de negocios que abarcan a varios países y no a un único país. En este contexto de internacionalización de la economía, valdría la pena recordar a JOHN H. DUNNING respecto de las características que distinguen a las empresas multinacionales. Para DUNNING, la empresa multinacional "es una empresa que tiene la propiedad o el control de instalaciones productivas (fábricas, minas, refinerías de petróleo, cadenas de distribución, oficinas, etc) en más de un

---

106 CALVO VÉRGEZ, J., Pasado, presente y futuro de BEPS. Thomson Reuters Aranzadi, España, 2018, p. 1.

107 Lago Montero, José María. "Planificación fiscal agresiva, BEPS y litigiosidad", en *Revista Ars Iuris Salmanticensis*. Vol. 3, diciembre 2015, p. 56.

país"[108] y a la cual también se le identifica como empresa productora multinacional controlada financieramente por residentes de un país.

Estudios recientes en el contexto del nuevo institucionalismo económico sitúan a la empresa en términos de una estructura de gobernación como lo señala OLIVER WILLIAMSON, y no como era vista anteriormente en la economía neoclásica ligada estrictamente a la producción, sino ahora como un espacio que deriva de una transacción, es decir, "en lugar de caracterizar a la empresa como una función de producción, la economía del costo de transacción sostiene que la empresa es [...] más bien una estructura para ejercitar el poder",[109] por lo tanto, si se toma en cuenta que dentro del nuevo institucionalismo es posible concebir a las empresas bajo la mirada de la economía del coste de transacción, una postura realista acorde con esta perspectiva sería concebir un sistema tributario diseñado de tal forma que se oriente a imponer las cargas impositivas atendiendo a estas características sustantivas económicas del capitalismo actual. Siguiendo a COASE, uno de los principales representantes de nuevo institucionalismo económico, "una empresa... desempeña un papel en el sistema económico si... pueden organizarse las transacciones dentro de la empresa a un costo menor que si las mismas transacciones se realizaran a través del mercado".[110]

Ahora bien, en el contexto actual el problema radica en el envío de riqueza, es decir, en el traslado de las utilidades de las empresas a una jurisdicción fiscal más favorable y esto es lo que se denomina erosión de la base gravable. No obstante, y sin perder la perspectiva, también hay planteamientos que apuntan a que la existencia de normas tributarias demasiado exigentes genera comportamientos huidizos en busca de jurisdicciones con nor-

---

108 Cf. H. Dunning, John. "La empresa multinacional: antecedentes", en H. Dunning, John, compilador. *La empresa multinacional.* México, trad. Eduardo L. Suárez. 1ª ed. inglés 1971; FCE, 1975, p. 16-17.

109 Williamson, Oliver E. *Las instituciones económicas... Op. Cit.* p. 24

110 Citado WILLIAMSON, E., O., "La lógica de la organización económica", en La naturaleza de la empresa: orígenes, evolución y desarrollo. Fondo de Cultura Económica, México, 1996, p. 126.

mas tributarias menos onerosas. Por lo tanto, lo que prolifera son los intentos de huir de los sistemas tributarios de los países desarrollados, a otros con diseños más laxos, acciones que son favorecidas por las nuevas tecnologías en un mundo globalizado.[111]

Las empresas multinacionales tienen una ventaja cuando operan al tener sus actividades productivas sobre una base internacional y reportan una nula o menor impuesto. Existen diversas categorías de elusión en materia tributaria, por ejemplo, la simulación, el abuso del derecho por la vía de fraude a la ley, planificación fiscal, economía de opción, elusión internacional, entre otros.[112] Lo cierto es que existen operaciones tributarias agresivas que no necesariamente son ilícitas, sin embargo, van en contra de los principios de un sistema tributario internacional justo.

Por lo tanto, el objetivo de las acciones BEPS, siguiendo los Informes finales de la OCDE de 2015, fue "recobrar la confianza en el sistema fiscal internacional y asegurar que los beneficios quedasen gravados allá donde tienen lugar las actividades económicas y se añade valor, aunque lo cierto es que la pérdida recaudatoria del impuesto de sociedades ha arrojado cifras de entre un 4 y 10% de la recaudación global (de 100 a 240 mil millones de dólares anuales),[113] variando el impacto negativo de BEPS, dependiendo del nivel de desarrollo de los países en cuestión, por lo que la propia OCDE emitió un informe sobre las cuestiones prioritarias en países con rentas más bajas.[114]

---

111 Lago Montero, José María. "Planificación fiscal agresiva... Op. Cit.", p. 57 y 68.

112 Un interesante desarrollo de estas categorías aplicadas al espacio latinoamericano, específicamente en la realidad peruana puede verse en MANZUR, Y. "El cumplimiento fiscal y sus alcances sobre la aplicación de las GAARs", en. Tax compliance y planificación fiscal internacional en la era Post BEPS. Thomson Reuters Aranzadi, Navarra, España, 2021, pp. 447-467.

113 OECD (2016), *Proyecto BEPS – Nota explicativa: Informes Finales 2015... Op. Cit.*, p. 5

114 OCDE. «Two-part report to G20 Developing Working Group on the impact of BEPS in low income countries. Part 1 (July 2014) AND Part 2 (August 2014)», [en línea], (2014) <https://www.oecd.org/tax/tax-global/

Ahora bien, una de las problemáticas principales para evitar la erosión de las bases imponibles y con ello evitar el traslado de beneficios, es que existen diferencias en las tasas efectivas impositivas entre países a las cuales se sujetan las empresas que operan en un solo país respecto de aquellas empresas que realizan sus actividades en varias jurisdicciones; aunado a que es práctica frecuente que en un país se realice la actividad económica sustantiva y en otro se reporte la utilidad. Por lo tanto, lo que se busca es que las empresas multinacionales paguen un monto justo de impuestos en los diversos países o jurisdicciones en los que operan.

Lo cierto es que las medidas BEPS es resultado de la interacción de diferentes problemas, como legislaciones internas no coordinadas, estándares fiscales internacionales que no siempre han sabido adaptarse a los cambios del entorno empresarial global y la ausencia generalizada de información tanto a nivel político como al nivel de las administraciones tributarias.[115] A continuación se muestra un esbozo de la propuesta para actualizar un sistema de fiscalidad internacional incluyendo a los nuevos actores, prácticas y al desarrollo tecnológico.

III. EL PLAN DE ACCIÓN BEPS DE LA OCDE

El Plan BEPS de la OCDE consta de 15 acciones clave a manera de recomendación y que se ha venido conformando desde 2013, y que forma parte del *soft law* en el marco del derecho internacional. Orientan acerca del camino a seguir en la construcción de un modelo de tributación internacional del siglo XXI incorporando directrices sobre los retos fiscales de la economía digital, sobre las medidas para abordar los efectos de acuerdos de desajuste híbridos; establecimiento de límites a las deducciones por intereses, guías para contrarrestar prácticas fiscales perjudiciales en el diseño de medidas nacionales; impedir el uso abusivo de los con-

---

report-to-g20-dwg-on-the-impact-of-beps-in-low-income-countries.pdf> [consulta: 15/12/22].

115 OECD (2016), *Proyecto BEPS – Nota explicativa: Informes Finales 2015... Op. Cit.*,. p. 6

venios; evitar la elusión de la consideración de establecimiento permanente; precios de transferencia y riesgos; recopilación de información sobre la erosión de la base imponible; requerimiento de comunicación de los mecanismos de planificación fiscal agresiva o la conformación de un instrumento multilateral de fiscalidad, entre otros.

En suma, se trata de la recopilación de un conjunto de problemáticas sobre el sistema tributario internacional que toma en consideración la globalización y la internacionalización de la economía.

Dentro del total de las 15 acciones del paquete BEPS (2013), se encuentran aquellas encaminadas a combatir la planificación fiscal agresiva, específicamente las relacionadas con las acciones 8 a la 13 de BEPS, aunque también es preciso reconocer que tales acciones podrían ser un catálogo de buenas intenciones frente a la falta de acciones concretas de los gobiernos nacionales relacionadas con la armonización legislativa, la exigencia de inclusión de cláusulas sobre la doble imposición o bien por la ausencia de mecanismos efectivos de transparencia entre contribuyentes internacionales y los Estados.

Por razones de espacio, se señalarán algunas consideraciones respecto de tres de las acciones BEPS, de acuerdo con los informes finales de 2015 de la OCDE, de manera específica las relacionadas con los retos de la economía digital (acción 1), de establecimiento permanente (acción 7) y el desarrollo de un instrumento multilateral (acción 15).

Abordar los retos de la economía digital para la imposición (Acción 1).

A pesar de la importancia que reviste la implementación de las tecnologías de la información y comunicación en la actual dinámica de comercio internacional, el informe de la acción 1 de 2015 concluye que no es posible delimitar con precisión la economía digital, dado que hoy en día ésta tiende a confundirse con la propia economía en su conjunto. Para avanzar en su comprensión se han elaborado normas y mecanismos para facilitar la recaudación del impuesto sobre valor añadido (IVA) en el país en que se encuentra el consumidor en las transacciones transfronterizas de empresa a consumidor, y para el análisis y publicidad de la información.[116] En otras palabras, las empresas han tenido la capacidad para tener una presencia digital significativa en la economía de otro país sin sujetarse a imposición debido a la imposibilidad de establecer un nexo conforme a las actuales normas internacionales.

Uno de los grandes retos frente a la economía digital, es el adecuado tratamiento de algunos modelos de negocio existentes que plantean problemas de deslocalización de beneficios, por lo que deben ser sujetos de un tratamiento diferenciado, comenzando por reconocer la importancia de los activos intangibles y su movilización a efectos fiscales, sobre la base de una coherencia internacional en el impuesto sobre sociedades desde un enfoque holístico, que tome en cuenta la falta de nexo de acuerdo con las normas internacionales actuales, la atribución de valor creado a partir de la generación de datos comercializables de ubicación relevante mediante el uso de productos y servicios digitales, y el análisis de modelos de negocio típicos frente a los rasgos configuradores de la economía digital, entre otros.[117]

Impedir la elusión artificiosa del estatuto de Establecimiento permanente (Acción 7).

Los convenios fiscales prevén con carácter general que los beneficios empresariales de una entidad no residente sean gravables en un Estado sólo en la medida en que dicha entidad tenga un establecimiento permanente en dicho Estado al que se le puedan atribuir beneficios. De esta manera, la definición de establecimiento permanente en los convenios resulta crucial a la hora de determinar si la entidad no residente debe tributar en tal Estado. El informe incluye cambios a la definición de establecimiento permanente del artículo 5 del Modelo de Convenio Tributario de la OCDE, artículo que ha sido ampliamente seguido como punto de partida en las negociaciones de los convenios fiscales. Estos cambios hacen frente a las técnicas empleadas para esquivar el

116 *Ibídem*.,. p. 15

117 Cf. CALVO VÉRGEZ, J., Pasado, presente y futuro de BEPS. Thomson Reuters Aranzadi, España, 2018, *Op. Cit*., pp. 20-22

nexo fiscal, mediante por ejemplo el reemplazo de los distribuidores por mecanismos de comisionistas o la fragmentación artificial de las actividades.[118]

Al respecto, el artículo 5 del Modelo de Convenio Tributario[119] sobre la Renta y sobre el patrimonio define como establecimiento permanente un lugar fijo de negocios mediante el cual una empresa realiza toda o parte de su actividad, que comprende, en especial a) las sedes de dirección; b) las sucursales; c) las oficinas; d) las fábricas; e) los talleres; y f) las minas, los pozos de petróleo o de gas, las canteras o cualquier otro lugar de extracción de recursos naturales. El propio artículo 5 señala una serie de excepciones para aplicar la categoría de establecimiento permanente, entre otras, no se tratará de un establecimiento permanente: la utilización de instalaciones con el único fin de almacenar, exponer o entregar bienes o mercancías pertenecientes a la empresa; el mantenimiento de un lugar fijo de negocios con el único fin de comprar bienes o mercancías o de recoger información para la empresa; o bien, el hecho de que una sociedad residente de un Estado contratante controle o sea controlada por una sociedad residente del otro Estado contratante o que realice actividades empresariales en ese otro Estado.

Como se aprecia, existe una enorme complejidad para determinar objetivamente lo que se entiende como establecimiento permanente en un contexto ya no sólo global sino digital, lo que origina una serie de controversias para determinar la naturaleza de las actividades realizadas, por ejemplo, por las filiales de una empresa multinacional, o bien su fragmentación real o artificial respecto de lo que son actividades principales empresariales y actividades auxiliares.

Desarrollar un instrumento multilateral (Acción 15)

En la acción 15 se analizó la viabilidad técnica de un instrumento multilateral para llevar a cabo las medidas convencionales de BEPS a través de la enmienda de los actuales convenios fis-

---

118 OECD (2016), *Proyecto BEPS – Nota explicativa: Informes Finales 2015... Op. Cit.,*. p. 17

119 CF. OCDE. *Modelo de Convenio Tributario sobre la Renta... Op. Cit.*

cales bilaterales y se concluyó que el instrumento multilateral no sólo es deseable sino también viable, por lo que se propuso la creación de un grupo *ad-hoc*, abierto a la participación de todos los países.[120]

Este macro tratado internacional pareciera aún lejano, en virtud de la complejidad que entraña la conformación de un acuerdo que obligue a los distintos estados en una época de globalización intensiva. Lo cierto es que en este rubro deben tomarse en consideración la soberanía de los Estados y su derecho nacional, lo mismo que elementos de Derecho Internacional y de Derecho Administrativo en el espacio global.

IV. BEPS 2.0

Con el objetivo de continuar en la conformación de un sistema internacional fiscal que proporcione certeza jurídica y sostenibilidad para el beneficio de todos y de grabar la fuente en donde realmente se origina la riqueza, en 2018 la OCDE dio a conocer un informe provisional de los desafíos fiscales derivados de la digitalización, destacando algunos rasgos distintivos observados en algunos modelos económicos altamente digitalizados e inherentes a la creación de valor en la nueva era digital. Tales rasgos, sin que se trate de un consenso respecto de ellos, son lo que se ha dado en llamar «magnitud sin multitud»; la fuerte dependencia de los activos intangibles y el papel de los datos y de la participación de los usuarios.[121]

De igual manera, en dicho Informe provisional de 2018 se acordó revisar el criterio para la determinación de la existencia de un nexo o criterio de sujeción y las reglas de atribución de beneficios, ambos conceptos clave en la determinación de la potestad tribu-

---

120 OECD (2016), Proyecto BEPS – Nota explicativa: Informes Finales 2015... Op. Cit p. 20

121 OCDE. «Resumen de los desafíos fiscales derivados de la digitalización. Informe provisional 2018», [en línea], (2018) <https://www.oecd.org/tax/beps/resumen-desafios-fiscales-derivados-de-la-digitalizacion-informe-provisional-2018.pdf> [consulta: 10/01/23].

taria entre jurisdicciones y el beneficio de las multinacionales. Se acordó incrementar las investigaciones en el uso de macrodatos y el empleo de herramientas de las nuevas tecnologías como la contabilidad de registro distribuido o *blockchain*, impulsando los trabajos en la economía colaborativa (*sharing economy*) y la economía por encargo (*gig economy*), a fin de garantizar el pago de los impuestos devengados por los ingresos percibidos por las multinacionales.

En octubre de 2020 la OCDE, mandató al Marco Inclusivo sobre BEPS de la OCDE y el G20, preparar un informe[122] sobre las propuestas de dos pilares, donde el primero se centra en el nexo y la asignación de beneficios con base en el concepto de "tributación neta" sobre la renta para evitar la doble tributación; mientras que el segundo busca fijar un impuesto mínimo global destinado a abordar los desafíos que quedaban pendientes del plan de acción contra la erosión de la base imponible y el traslado de beneficios (BEPS), y cuyo tratamiento conjunto es buscar garantizar la justicia y equidad de los sistemas tributarios y reforzar el marco fiscal internacional frente a los nuevos modelos de negocio.

Lo cierto es que el 8 de octubre de 2021, 137 países del Marco Inclusivo de la OCDE y el G20 acordaron el impulso de un impuesto de sociedades común de mínimo el 15%, o BEPS 2.0 por su alta complejidad, hecho que fue interpretado como un consenso histórico internacional para controlar cuánto pagan en impuestos las multinacionales tecnológicas en la era digital global, tras lo cual se presentó la propuesta concreta al impuesto mínimo de sociedades que se tradujo en las Normas modelo[123] del segundo

---

122 OCDE. «Marco Inclusivo sobre BEPS de la OCDE y el G20. Cómo abordar los desafíos fiscales derivados de la digitalización de la economía», [en línea], (2020) <https://www.oecd.org/tax/beps/puntos-destacados-como-abordar-los-desafios-fiscales-derivados-de-la-digitalizacion-de-la-economia-octubre-2020.pdf> [consulta: 10/01/23].

123 OCDE. «Tax Challenges Arising from the Digitalization of the Economy – Global Anti-Base Erosion Model Rules (Pillar Two), Inclusive Framework on BEPS», [en línea], (2021) <https://www.oecd.org/tax/beps/tax-challenges-arising-from-the-digitalisation-of-the-economy-global-anti-base-erosion-model-rules-pillar-two.pdf> [consulta: 13/01/23].

pilar para la aplicación del impuesto mínimo global del 15% contra la erosión de la base imponible —reglas GloBE (acrónimo de The *Global Anti-Base Erosión-Rules*)— aprobadas el 20 de diciembre de 2021.[124] Este impuesto mínimo en realidad es un impuesto complementario que se aplicará a partir de 2023 a un grupo de empresas multinacionales cuyos ingresos superen los 750 millones de euros en los estados financieros consolidados de la última casa matriz , en al menos dos de los últimos cuatro ejercicios años fiscales que preceden al año fiscal que corresponda. En la determinación de los sujetos a los que van dirigidas estas Normas modelo destaca el artículo 1.2 que alude a grupo de multinacionales.

Por su parte, el 19 de mayo de 2022, el Parlamento Europeo respaldó la propuesta de la Comisión Europea para convertir en Directiva el acuerdo internacional que fija un tipo mínimo del 15% para la fiscalidad corporativa.[125] Finalmente, fue aprobada en diciembre de 2022[126] la Directiva relativa a la garantía de un nivel mínimo global de imposición para los grupos de empresas

---

124 OCDE. «La OCDE presenta las normas modelo del Segundo Pilar para facilitar la aplicación interna del impuesto mínimo global del 15 %», [en línea], (2015), <https://www.oecd.org/tax/beps/la-ocde-presenta-las-normas-modelo-del-segundo-pilar-para-facilitar-la-aplicacion-interna-del-impuesto-minimo-global-del-15-por-ciento.htm#:~:text=Las%20normas%20delimitan%20el%20alcance,impuesto%20de%20sociedades%20del%2015%25> [consulta: 15/01/23].

125 El proyecto fue apoyado por 503 eurodiputados, con 46 votos en contra y 48 abstenciones, previendo su entrada en vigor el 31 de diciembre de 2022, con un plazo hasta el 31 de diciembre de 2023 para que los países miembros pudiesen adecuar sus legislaciones nacionales. Como marca el procedimiento legislativo de la Unión Europea, el pasado 17 de junio de 2022 el Consejo debatió el Proyecto de Directiva, el cual no fue aprobado porque se requería una votación unánime de todos los estados miembros de la Unión, 26 Estados a favor, siendo Hungría el único país que voto en contra.

126 CONSEJO DE LA UNIÓN EUROPEA. «Fiscalidad internacional: el Consejo llega a un acuerdo sobre un nivel mínimo de imposición para las empresas más grandes» [en línea], (2020), <https://www.consilium.europa.eu/es/press/press-releases/2022/12/12/international-taxation-council-reaches-agreement-on-a-minimum-level-of-taxation-for-largest-corporations/> [consulta: 12/01/23].

multinacionales y los grupos nacionales de gran magnitud en la Unión[127], acorde con la normativa de la Unión Europea.

V. CONCLUSIONES

Como se señaló, el Plan de acciones BEPS es un esfuerzo de actualización y sistematización de los sistemas tributarios internacionales que datan de principios del siglo XX, y que por lo mismo se estiman insuficientes para determinar con objetividad el nexo causal necesario de cargas fiscales en el ámbito internacional. Lo cierto es que los planes que se destinen a actualizar las reglas internacionales en la materia necesariamente deben tener en cuenta dos elementos que se combinan de manera desigual en las economías mundiales, la coexistencia de modelos de producción internacional típicos a cargo de las empresas multinacionales junto a los nuevos modelos de negocios de las mismas multinacionales pero en un entorno digital, sin perder de vista que ambos esquemas se encuentran concebidos dentro del modelo de empresa como institución económica clave del capitalismo. Como se ha señalado, se han producido acuerdos importantes en la última década entre las economías de la OCDE, el G20 y recientemente en la Unión Europea, para diagnosticar y establecer propuestas normativas comunes de cara a las nuevas formas de organización de las empresas multinacionales en la economía digital, con el reto de implementar las medidas legislativas necesarias al interior de los Estados.

BIBLIOGRAFÍA

CALVO VÉRGEZ, J., *Pasado, presente y futuro de BEPS*. Thomson Reuters Aranzadi, España, 2018.

---

127 CONSEJO DE LA UNIÓN EUROPEA. «Directiva del Consejo relativa a la garantía de un nivel mínimo global de imposición para los grupos de empresas multinacionales y los grupos nacionales de gran magnitud en la Unión.» [en línea], (2020), <https://data.consilium.europa.eu/doc/document/ST-8778-2022-INIT/es/pdf> [consulta: 15/12/22].

CONSEJO DE LA UNIÓN EUROPEA. «Directiva del Consejo relativa a la garantía de un nivel mínimo global de imposición para los grupos de empresas multinacionales y los grupos nacionales de gran magnitud en la Unión.» [en línea], (2020), <https://data.consilium.europa.eu/doc/document/ST-8778-2022-INIT/es/pdf> [consulta: 12/01/23].

CONSEJO DE LA UNIÓN EUROPEA. «Fiscalidad internacional: el Consejo llega a un acuerdo sobre un nivel mínimo de imposición para las empresas más grandes» [en línea], (2020), <https://www.consilium.europa.eu/es/press/press-releases/2022/12/12/international-taxation-council-reaches-agreement-on-a-minimum-level-of-taxation-for-largest-corporations/> [consulta: 12/01/23].

DUNNING, J. "La empresa multinacional: antecedentes", en *La empresa multinacional.* Dunning ed, México, 1975.

LAGO MONTERO, J. M. "Planificación fiscal agresiva, BEPS y litigiosidad", *Revista Ars Iuris Salmanticensis.* Vol. 3, diciembre 2015.

LÓPEZ LABORDA, J., y ONRUBIA, J., "Retos a los que se enfrenta la fiscalidad de las multinacionales: las propuestas de la OCDE", *Revista de Economía ICE.* N.º 917. Noviembre-diciembre 2020.

MANZUR, Y. "El cumplimiento fiscal y sus alcances sobre la aplicación de las GAARs", en. *Tax compliance y planificación fiscal internacional en la era Post BEPS.* Thomson Reuters Aranzadi, Navarra, España, 2021.

OCDE. «La OCDE presenta las normas modelo del Segundo Pilar para facilitar la aplicación interna del impuesto mínimo global del 15 %», [en línea], (2015), <https://www.oecd.org/tax/beps/la-ocde-presenta-las-normas-modelo-del-segundo-pilar-para-facilitar-la-aplicacion-interna-del-impuesto-minimo-global-del-15-por-ciento.htm#:~:text=Las%20normas%20delimitan%20el%20alcance,impuesto%20de%20sociedades%20del%2015%25> [consulta: 15/01/23].

OCDE. «El proyecto BEPS y los países en desarrollo: de las consultas a la participación», [en línea], (2014) <https://www.oecd.org/ctp/estrategia-fortalecimiento-paises-en-desarrollo.pdf> [consulta: 15/12/22].

OCDE. «Marco Inclusivo sobre BEPS de la OCDE y el G20. Cómo abordar los desafíos fiscales derivados de la digitalización de la economía», [en línea], (2020) <https://www.oecd.org/tax/beps/puntos-destacados-como-abordar-los-desafios-fiscales-derivados-de-la-digitalizacion-de-la-economia-octubre-2020.pdf> [consulta: 10/01/23].

OCDE. *Modelo de Convenio Tributario sobre la Renta y sobre el Patrimonio,* versión abreviada, OCDE y el Instituto de Estudios Fiscales, 2010.

OCDE. «Resumen de los desafíos fiscales derivados de la digitalización. Informe provisional 2018», [en línea], (2018) <https://www.oecd.

org/tax/beps/resumen-desafios-fiscales-derivados-de-la-digitalizacion-informe-provisional-2018.pdf> [consulta: 10/01/23].

OCDE. «Tax Challenges Arising from the Digitalization of the Economy – Global Anti-Base Erosion Model Rules (Pillar Two), Inclusive Framework on BEPS», [en línea], (2021) <https://www.oecd.org/tax/beps/tax-challenges-arising-from-the-digitalisation-of-the-economy-global-anti-base-erosion-model-rules-pillar-two.pdf> [consulta: 13/01/23].

OCDE. «Two-part report to G20 Developing Working Group on the impact of BEPS in low income countries. Part 1 (July 2014) AND Part 2 (August 2014)», [en línea], (2014) <https://www.oecd.org/tax/tax-global/report-to-g20-dwg-on-the-impact-of-beps-in-low-income-countries.pdf> [consulta: 15/12/22].

OCDE «Proyecto de la OCDE y del G-20 sobre la Erosión de la Base Imponible y el Traslado de Beneficios», [en línea], (2016) <https://doi.org/10.1787/9789264263567-es> [consulta: 10/01/23].

WILLIAMSON, E., O., "La lógica de la organización económica", en *La naturaleza de la empresa: orígenes, evolución y desarrollo*. Fondo de Cultura Económica, México, 1996.

WILLIAMSON, O., E., "*Las instituciones económicas del capitalismo*" Fondo de Cultura Económica, México, 1989.

EL IMPACTO DE LAS ACCIONES BEPS EN LAS EMPRESAS MEXICANAS

Alan Albertico Frías Hernández

I. NOTA INTRODUCTORIA

Es clara la polémica que existe sobre la violación de estado mexicano a los derechos de los contribuyentes. El gobierno mexicano en los últimos años ha tomado ciertas medidas coercitivas en atención a las recomendaciones internacionales en pro de combatir la evasión y la elusión fiscal en los diversos países de América Latina, en nuestro caso en particular, México, especialmente las impulsadas por el plan de acción BEPS impulsado por la OCDE. Estas medidas han propiciado un gran abuso por parte de la autoridad hacia los contribuyentes al momento de que dicha autoridad fiscalizadora ejerce sus facultades coercitivas frente a los gobernados, lo que ha ocasionado que las empresas mexicanas tengan la necesidad de tener estructuras internas más complejas, además de cambiar la forma operativa y corporativa con la que realizan sus procesos, ocasionando costos cada vez mayores para aminorar los riesgos ante una posible sanción de la autoridad. En este trabajo se aborda de manera concreta, algunos de los cambios que han tenido que adaptarse las empresas mexicanas ante las nuevas reformas fiscales y a los estándares internacionales en materia tributaria.

II. EL IMPACTO DE LAS ACCIONES BEPS EN LAS EMPRESAS MEXICANAS

A. Las medidas coercitivas del estado mexicano en la materia tributaria

No cabe duda de que las medidas de coerción que ha implementado el estado mexicano en este siglo XXI ha dado mucho de qué hablar tanto en el ámbito judicial como en el académico, en concreto en la discusión de si estas medidas en realidad respetan los derechos de los contribuyentes. En ese sentido, es claro que de alguna manera ha existido una serie de restricciones de derechos y violaciones a los mismos por parte del estado mexicano al momento de ejercer sus facultades coercitivas, con tal que obtener recursos para satisfacer el gasto público.

La implementación de medidas coercitivas por parte de la autoridad fiscal para obtener mayores resultados recaudatorios no justifica de manera alguna la restricción y violación en algunos casos, de los derechos de los contribuyentes y la violación de sus derechos humanos. Un ejemplo de ello es la violación al principio de presunción de inocencia o de buena fe llamado así en materia de derechos del contribuyente, de acuerdo con lo establecido en el artículo 21 de la ley de los derechos del contribuyente, el cual establece que el actuar de los contribuyentes "se presume de buena fe" y que por lo tanto la carga de la prueba de demostrar que dicho contribuyente ha caído en una conducta que requiera una sanción, estará a cargo de la propia autoridad fiscalizadora.

Es así, como encontramos como en las diferentes reformas al código fiscal de la federación, se ha permitido que la autoridad al momento de ejercer sus facultades de comprobación, con un criterio único y unilateral, desvirtué esta presunción legal, revirtiendo así la carga de la prueba para los gobernados. Un ejemplo de lo anterior es el tan discutido artículo 5-A, también llamado en el ámbito fiscal como la "cláusula antiabuso", que habla justamente de justificar la razón de negocios de las operaciones de los contribuyentes, con la posibilidad de que, bajo ciertos parámetros, la autoridad de propia autoridad puede solicitar al contribuyente que este demuestre su buena fe y su correcto cumplimiento en sus obligaciones fiscales, implementando además, medidas precautorias como la suspensión de sellos, embargos precautorios, entre otras.

En algunos casos es entendible las medidas de precautorias para buscar proteger a otros contribuyentes, por ejemplo, de realizar operaciones con personas que puedan llegar a tener una sanción por incumplimiento en sus obligaciones fiscales y llegar a afectar a terceros. Sin embargo, a través de los parámetros tan mínimos y subjetivos que son suficientes para implementar estas medidas, puede traer como consecuencia que la autoridad fiscal pueda cometer abusos en contra de los contribuyentes, lo que tendría que ser visualizado desde una perspectiva de los derechos humanos, ya que la afectación que puede existir por este abuso puede afectar a personas que quizá no tengan culpa o responsabilidad, o inclusive utilizarse para fines políticos aplicando el llamado "terrorismo fiscal", entendido como tal que la autoridad esté afectando constantemente a determinados contribuyentes, generando claro, actos de molestia, en muchos casos sin fundamento ni razón, por motivos fiscales, extra fiscales, personales o políticos.

Otro ejemplo, está precisamente en lo agresivo que pudiera ser un procedimiento administrativo de ejecución, en el cual, la autoridad al requerir un crédito fiscal, tiene la facultad de realizar embargos precautorios de cuentas bancarias y otros bienes, en donde muchas de las veces tienen una repercusión importante para el contribuyente al frenar sus operaciones hasta que se resuelva el procedimiento en cuestión; recordando que, si al final el contribuyente gana el proceso y la autoridad no tenía razón en su cobro o las medidas implementadas fueron excesivas, en materia contencioso administrativo no cabe lugar al cobro de gastos y costas judiciales en donde se incluyen los honorarios de los abogados defensores, lo que ya generó un daño importante en el patrimonio del contribuyente, por el simple hecho de contratar un abogado para su defensa. Lo anterior sin mencionar, que en algunas ocasiones las sanciones pueden ir más allá del ámbito administrativo y tocar campos del derecho penal, en donde las sanciones son privativas de libertad.

Como parte de lo anterior, el poder legislativo en materia fiscal se ha asegurado, no solamente en dotar de más herramientas a la autoridad al momento de ejercer sus facultades coercitivas para ser más rápido en el cobro y poder complicar el camino del contribuyente a desvirtuar las acusaciones de la autoridad, sino que además, ha derribado barreras a la autoridad fiscalizadora en el cobro de contribuciones mediante la implementación de la figura del responsable solidario. Un ejemplo de lo dicho puede verificarse en el texto del artículo 26 del código fiscal de la federación en su fracción X, en donde señala como responsable solidario del cumplimiento de obligaciones fiscales a los socios o accionistas de personas morales, generando así una clara antinomia con la Ley General de Sociedades Mercantiles, en donde, en ciertos tipos sociales como lo es en la Sociedad Anónima (artículo 87) o la Sociedad de Responsabilidad Limitada (artículo 57) se establece que los socios y accionistas serán responsables únicamente por el pago de sus aportaciones o acciones, lo que en materia fiscal no es aplicable, violando así los derechos corporativos naturales de los socios y accionistas.

No obstante lo anterior, habrá que valorar la justificación de la autoridad para poder levantar ese velo corporativo, entendido este como esa barrera legal que protege a los accionistas de la responsabilidad que pueda ser sujeta la sociedad en la cual son socios, ya que, la naturaleza jurídica es, precisamente que son personalidades jurídicas independientes. Los argumentos para responsabilizar a los socios y accionistas de una sociedad se han enfocado en el multirreferido principio de buena fe; en donde se arguye que en los casos en que existe un abuso del derecho para evadir alguna obligación, se justifica el levantamiento del velo corporativo.[128] Bajo este argumento entonces, la autoridad tendría que justificar esa mala fe de los contribuyentes que a través de estos medios legales incumplen con sus obligaciones, lo cual no ocurre, ya que la misma ley tributaria da esta presunción de mala fe a los contribuyentes, lo que también genera una contradicción con el citado artículo 21 de la Ley de los derechos del contribuyente.

En ese orden de ideas, cabe mencionar que las justificaciones del estado mexicano al realizar medidas coercitivas cada vez más agresivas, tiene que ver con el discurso de obtener recursos para satisfacer el gasto público, principio constitucional consagrado

---

128 SEMANARIO JUDICIAL DE LA FEDERACIÓN, «Velo corporativo. justificación de su levantamiento.» [en línea], (2018), <https://sjf.scjn.gob.mx/SJFSem/Paginas/Reportes/ReporteDE.aspx?idius=2018426&Tipo=1> [consulta: 03/01/23].

en el artículo 31 fracción IV de nuestra constitución federal. Tan es así, que los mismos criterios judiciales han fijado una postura en relación a los amparos que argumentan violaciones a los derechos humanos de los contribuyentes, justificando en muchas de sus sentencias justamente la importancia al principio de destino al gasto público y el preponderante interés público que el estado tutela para sus habitantes, argumentando que es más importante recaudar bajo estos sistemas estrictos para el interés común que el derecho particular de los contribuyentes, justificado en el hecho de la justicia distributiva.[129]

Otro argumento a favor de la implementación de medidas coercitivas por parte de la autoridad fiscal hacia los contribuyentes es las tasas de elusión y evasión fiscal elevadas en México y en general en América Latina. Lo anterior obedece a objetivos recaudatorios y a recomendaciones realizadas en el Plan de acción contra la erosión de la base imponible y el traslado de beneficios (BEPS) elaborado por la Organización para la Cooperación y el Desarrollo Económico (OCDE).[130] Lo antes mencionado, se refuerza con el estudio "Evasión y equidad en América Latina" publicado por la Comisión Económica para América Latina y el Caribe (CEPAL) en 2010, donde muestra que los países de América Latina se caracterizan por tener una baja presión tributaria, una estructura sesgada hacia impuestos regresivos y tasas de evasión y elusión fiscal bastante elevadas, lo que genera un gran problema en la recaudación de obligaciones fiscales, generando dificultades de liquidez para el Estado y la posibilidad de aumentar el gasto público.[131]

---

129 SEMANARIO JUDICIAL DE LA FEDERACIÓN, «Confianza legítima. su aplicación en el orden jurídico mexicano respecto de actos legislativos», [en línea], (2018), <https://sjf.scjn.gob.mx/SJFSem/Paginas/Reportes/ReporteDE.aspx?idius=2018050&Tipo=1> [consulta: 03/01/23].

130 OCDE, La relación cooperativa: Un marco de referencia: De la relación cooperativa al cumplimiento cooperativo, OCDE publishing, paris, (2013)

131 JIMÉNEZ, J., P., VARIOS, Evasión y equidad en América Latina, Cepal, Santiago, 2010.

En virtud de lo anterior, el gobierno mexicano comenzó con la implementación de medidas coercitivas cada vez más fuertes y agresivas para los contribuyentes, aplicando sanciones más elevadas y realizando actos de fiscalización más minuciosos, con la intención de evitar la evasión y la elusión fiscal, a través de reformas a las leyes fiscales y realizando una labor de concientización al poder judicial sobre el problema recaudatorio del país. Dicha estrategia dio resultados, tan es así que del 2010 al 2020 la recaudación pasó de $1,260.4 millones de pesos a $3,338.9 millones de pesos, un crecimiento importante y el más importante en recaudación en la historia del país. Tal cual se aprecia en la siguiente tabla.[132]

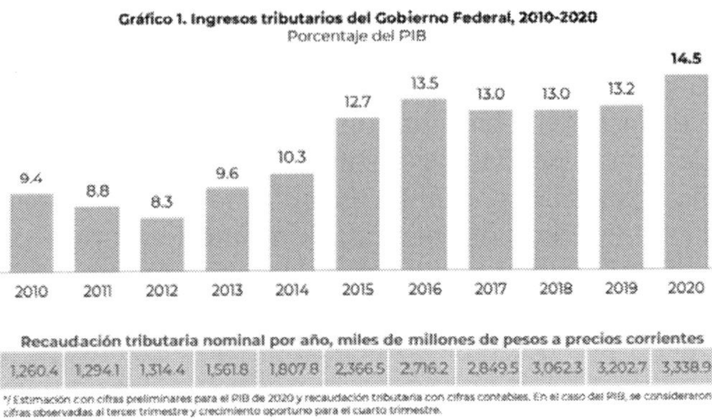

Ahora bien, si bien existe un claro incremento en la recaudación tributaria, no menos es cierto que la información publicada por la autoridad, no justifica que se trate de un resultado directo de la aplicación de las acciones BEPS y/o reformas tributarias actuales y aunque se podría inferir que es parte de un proceso que podría tener relación, lo cierto es que no existe un estudio en concreto que lo pruebe así.

---

132 SERVICIO DE ADMINISTRACIÓN TRIBUTARIA, «Evolución de la Actividad Recaudatoria en 2020 y Programas y Presupuesto en 2021», [en línea], (2020), <http://omawww.sat.gob.mx/gobmxtransparencia/Paginas/documentos/focalizada/Recaudacion2020_ProgramasyPresupuesto2021.pdf>

Nótese que la justificación del estado mexicano al imponer medidas coercitivas, las cuales como hemos señalado anteriormente son cada vez más agresivas para los contribuyentes, tiene opiniones encontradas. En ese sentido, la Procuraduría de la Defensa del Contribuyente (PRODECON), a través de diversas publicaciones ha defendido los derechos de los contribuyentes, fijando en algunos casos, posturas en contra de la autoridad y de prácticas abusivas que realizan al momento de ejercer sus facultades de coerción. Es así como a través del oficio 4/2016/CTN/CS-SASEN, aprobado en la 3ra. Sesión Ordinaria 29/04/2016 de la PRODECON, este organismo público descentralizado de la administración pública federal, sostuvo que la autoridad fiscalizadora, en concreto el Servicio de Administración Tributaria (SAT) realizaba malas prácticas en el desarrollo de auditorías, justamente ligadas a desconocer la buena fe de los actos del contribuyente, muchas veces sin fundamento coherente y suficiente.[133]

En ese sentido, no se puede justificar la violación de derechos de los contribuyentes, entre los que se encuentran derechos humanos, bajo un argumento de recaudación y financiamiento al gasto público, porque aunque de alguna manera se obtuvieron resultados y si es necesario obtener ingresos para solventar el gasto público, también es cierto que considerar medidas agresivas de una manera paulatina y prolongada puede llevar a violaciones de derechos humanos cada vez más graves, generando un descontento social importante pudiendo alentar a una verdadera crisis en el país. Por ello la importancia de buscar medidas alternas para el cumplimiento tributario como lo es el cumplimiento cooperativo en donde la confianza en el estado y el cumplimiento voluntario de las empresas pueden llevar a una solución más idónea.

En razón de todo lo anterior, no cabe duda las diferentes posturas respecto del tema de las medidas coercitivas de la autoridad

---

133 PRODECON, «PRODECON Y SAT TRABAJAN DE MANERA CONJUNTA EN FAVOR DE LA SEGURIDAD JURÍDICA DE LOS CONTRIBUYENTES» [en línea], (2016), < https://amcpdf.org.men línea], x/wp-content/uploads/2018/08/Boletin-logros-prodecon-sat.pdf> [consulta: 05/01/23].

fiscal hacia los contribuyentes, no obstante, lo que si es claro, es la violación y/o restricción de algunos principios tributarios y derechos de los contribuyentes a partir de las propias justificaciones que el estado argumenta para realizarlas, además que con cada paquete fiscal, cada año se realizan medidas cada vez más duras hacia los contribuyentes con el objetivo de garantizar el pago de contribuciones, muchas veces sin cuidar de manera suficiente la violación de derechos a los gobernados, que pueden significar un descontento social además de un grave daño a los propios contribuyentes. No obstante, es importante aceptar también, que esas medidas coercitivas han generado una mayor recaudación y de alguna manera se debe buscar ese equilibrio necesario entre poder y respeto a los derechos de los contribuyentes.

B. El aumento en las obligaciones empresariales a la luz del derecho tributario y el impacto en las PYMES

La desnaturalización del derecho empresarial es uno de los temas más polémicos y que ha llevado a una discusión importante entre las diferentes profesiones. Dentro de las diferentes ramas del derecho existe una serie de reglas y principios que al llegar o al querer aplicarse en la materia tributaria, se desnaturalizan y toman ciertos parámetros que se alejan muchas veces del espíritu de estos. Un ejemplo de lo anterior, lo podemos encontrar en la simple transmisión de acciones de una sociedad anónima, en donde en teoría de conformidad con el artículo 22 de la ley general de títulos y operaciones de crédito, al ser las acciones títulos de crédito, la forma correcta de su transmisión debe ser el endoso sin más formalidades ni procedimientos. Sin embargo, la materia tributaria ha generado que para realizar ciertas transmisiones de acciones se necesiten dar ciertos avisos, identificación de beneficiarios/controladores, y comprobación de retenciones de impuestos, lo que si bien, se entiende como una medida del Estado para poder controlar el pago de contribuciones por transmisión de acciones, también es cierto que han generado que una figura que se hizo para circular fácil y libremente tenga cada vez más complicaciones.

Uno de los temas más polémicos actualmente es la carga operativa que se le está imponiendo a las empresas en México, sobre todo lo preocupante es que esta carga muchas veces recae en las pequeñas y medianas empresas o también llamadas PYMES las cuales muchas veces se ven forzadas a trabajar en una estructura y en un cumplimiento robusto y de empatar sus prácticas corporativas, inclusive al nivel de las empresas multinacionales. Es importante recalcar la importancia de las PYMES en México, que como dato importante, según un estudio publicado en 2020, las PYMES en el país, generan el 72% de los empleos y aportan el 52% del PIB Nacional[134], por lo que no cabe duda del papel fundamental que juegan en la economía mexicana y lo importante que es cuidar una imprudente aplicación de leyes y políticas públicos.

El cumplimiento cooperativo de las PYMES en México es una de las políticas del gobierno que debe dar prioridad para combatir la evasión y elusión fiscal; y de las cuales es importante poner atención para generar una mayor recaudación de una manera eficaz y respetando los derechos y yendo aún más allá, tomando en cuenta los intereses de los contribuyentes, garantizando su contento con la autoridad.

Nótese que es claro que puede existir actualmente un cumplimiento cooperativo entre las PYMES y el gobierno mexicano, buscando intereses comunes entre ambas partes para poder llegar a cumplir con estos objetivos, además de que el estado a través de los órganos competentes, deben tener una atención de primera para los contribuyentes, con el fin de que no existan dudas en su cumplimiento y exista un sentimiento de verdadera cooperación. Uno de los principales objetivos del cumplimiento cooperativo es generar una forma más inteligente de cumplimiento tributario, sin tantas dificultades y cargas; además de la falta de necesidad de gastar tiempo y recursos en visitas de verificación de cumplimiento, sino que las mismas empresas evalúen sus riesgos y

134 SEMANARIO JUDICIAL DE LA FEDERACIÓN, «Pymes, importante motor para el desarrollo naciona» [en línea], (2020), < http://comunicacion.senado.gob.mx/index.php/informacion/boletines/47767-pymes-importante-motor-para-el-desarrollo-economico-nacional-mc.html> [consulta: 03/01/23].

cooperen con el estado en el cumplimiento de sus obligaciones fiscales.

En relación con la anterior y con el objeto de demostrar que si es posible el cumplimiento cooperativo de las PYMES en México, podemos poner como ejemplo a Australia en donde llaman a su estrategia de cumplimiento *Autralian Taxation Office*, cuyo objetivo es alentar al contribuyente a adoptar una actitud de hacer lo correcto. En ese país, existen los llamados "Contratos Anuales de Cumplimiento" mediante los cuales se fundamentan en que las empresas apliquen procesos de gestión de riesgos fiscales sólidos y que estas mismas empresas tienen la voluntad de operar dentro del marco de una relación abierta y completa, mediante una comunicación fluida y veraz de los riesgos tributarios en tiempo real, por lo que uno de los compromisos que deben tener los contribuyentes es instaurar mecanismos de control y auditorías en sus empresas con el fin de presentar declaraciones fiscales aceptables.[135]

Con base a lo anterior, algunos de los desafíos más importantes en el cumplimiento cooperativo son los de solventar los problemas de índole cultural ya que, este cumplimiento cooperativo exige un cambio de la conducta tanto del contribuyente como del Fisco, generar mecanismos de evaluación y mantener una buena comunicación entre las partes para no perder la confianza, prevaleciendo el ambiente de prevención del riesgo.[136]

III. CONCLUSIONES

En conclusión a este trabajo, se puede afirmar que las medidas coercitivas que el Estado implementa son en realidad insuficientes para realizar una recaudación adecuada, aunque si bien es cierto que han generado un mayor resultado en la recaudación de contribuciones, no menos es cierto que se ha logrado a par-

135 OCDE, La relación cooperativa: Un marco de referencia: De la relación cooperativa al cumplimiento cooperativo, OCDE publishing, paris, (2013)

136 Ibidem, 41.

tir de la violación de los derechos de los contribuyentes y cobros desproporcionados en los impuestos que gravan la riqueza, generando aún más la brecha de confianza que los contribuyentes tienen con el Estado.

Es por ello la importancia de generar medios alternos para un correcto cumplimiento fiscal, basados en la confianza y en la cooperación mutua entre contribuyentes y el estado; mecanismos que proyecten una mayor confianza entre ambos sujetos que al final generaran menores costos y mayores beneficios para todos. En el entendido que el pago de contribuciones debe dejar de ser una ideología de tratar de evitar el pago de impuestos, sino que sea un sistema basado en la confianza y en el gusto de contribuir en beneficio de la sociedad en general, generando interés por todas las partes involucradas haciendo ver el beneficio reciproco que tendrán.

BIBLIOGRAFÍA

JIMÉNEZ, J., P., VARIOS, *Evasión y equidad en América Latina*, Cepal, Santiago, 2010.

Ley General de Sociedades Mercantiles

Ley General de Títulos y Operaciones de Crédito

OCDE, *La relación cooperativa: Un marco de referencia: De la relación cooperativa al cumplimiento cooperativo*, OCDE publishing, paris, (2013)

PRODECON, «PRODECON Y SAT TRABAJAN DE MANERA CONJUNTA EN FAVOR DE LA SEGURIDAD JURÍDICA DE LOS CONTRIBUYENTES» [en línea], (2017), < https://amcpdf.org.men línea], x/wp-content/uploads/2018/08/Boletin-logros-prodecon-sat.pdf> [consulta: 05/01/23].

SEMANARIO JUDICIAL DE LA FEDERACIÓN, «Confianza legítima. su aplicación en el orden jurídico mexicano respecto de actos legislativos», [en línea], (2018), <https://sjf.scjn.gob.mx/SJFSem/Paginas/Reportes/ReporteDE.aspx?idius=2018050&Tipo=1> [consulta: 03/01/23].

SEMANARIO JUDICIAL DE LA FEDERACIÓN, «Pymes, importante motor para el desarrollo naciona» [en línea], (2020), < http://comunicacion.senado.gob.mx/index.php/informacion/boletines/47767-pymes-importante-motor-para-el-desarrollo-economico-nacional-mc.html> [consulta: 03/01/23].

SEMANARIO JUDICIAL DE LA FEDERACIÓN, «Velo corporativo. justificación de su levantamiento.» [en línea], (2018), <https://sjf.scjn.gob.mx/SJFSem/Paginas/Reportes/ReporteDE.aspx?idius=2018426&Tipo=1> [consulta: 03/01/23].

SERVICIO DE ADMINISTRACIÓN TRIBUTARIA, «Evolución de la Actividad Recaudatoria en 2020 y Programas y Presupuesto en 2021», [en línea], (2020), <http://omawww.sat.gob.mx/gobmxtransparencia/Paginas/documentos/focalizada/Recaudacion2020_ProgramasyPresupuesto2021.pdf>.

DESAFÍO DEL FINANCIAMIENTO ELECTORAL EN EL PLAN EROSIÓN DE LA BASE Y CAMBIO DE LOS BENEFICIOS

José René Olivos Campos[137]

I. INTRODUCCIÓN

Desde lo planteado por la Organización para la Cooperación y el Desarrollo Económicos y el Grupo de los 20[138] de prevenir la evasión y la elusión fiscal internacional[139] con reglamentación que contribuya a la correcta recaudación en la fuente donde se originó la riqueza, mediante el Plan Erosión de la Base y Cambio de los Beneficios, (en adelante BEPS por sus siglas en inglés) con las medidas acordadas y decretadas por los países miembros, se estima considerar el componente de la democracia en su versión del financiamiento de campañas político-electorales en México que,

137 Doctor en Derecho con Mención Honorífica por la Universidad Nacional Autónoma de México. Investigador Nacional Nivel II del Sistema Nacional de Investigadores.

138 Forman el Grupo de los 20 países son Alemania, Arabia Saudita, Argentina, Australia, Brasil, Canadá, China, Corea del Sur, Estados Unidos, Francia, India, Indonesia, Italia, Japón, México, Rusia, Reino Unido, Sudáfrica y Turquía.

139 Tulio Rosembuj, entiende por elusión fiscal: "esquivar la aplicación de la norma tributaria para obtener una ventaja patrimonial por parte del contribuyente que no se realizaría si no se pusieran en práctica por su parte hechos y actos jurídicos o procedimientos contractuales con la finalidad dominante de evitarla." En tanto, la evasión es la conducta de ocultación de rendimientos, bienes y derechos de contenido económico mediante la utilización de documentos material o ideológicamente falsos, la realización de actos o negocios jurídicos. Ver:
ROSEMBUJ, T., "El Fraude de Ley, la Simulación y el abuso de las formas en el derecho tributario", Marcial, Madrid, 1999..

hoy en día, se disponen de más recursos para ganar las elecciones en los comicios, con la expectativa de obtener rendimientos a futuro.

En México, el financiamiento de campañas políticas electorales es un tema que es y ha sido objeto de debate durante muchos años. Aunque actualmente se regula el financiamiento de los comicios, no es desconocido que a menudo es evadida la legislación por los partidos políticos y sus candidatos al obtener recursos de manera irregular. Por lo que se produce una gran desconfianza pública en los procesos electorales realizados en el país.

No obstante, los partidos políticos y los candidatos deben tener acceso a los recursos necesarios para llevar a cabo sus campañas, por lo que resulta fundamental encontrar un equilibrio para asegurar la integridad y la transparencia en los comicios electorales.

De ahí, que se parte del BEPS en tanto se refiere a la manera en la que las políticas públicas pueden afectar la distribución de la riqueza y de los beneficios en una sociedad.

En el contexto de México, el BEPS es relevante ante necesidad de disponer de mayores recursos para lograr una mejor distribución de la riqueza y atender los procesos democráticos, entre otro orden de asuntos.

Por ello, el BEPS, en cuanto al financiamiento en las campañas político-electorales debiera constituir una de las medidas que se podrían decretar en México como parte de un mayor rendimiento de la democracia. Este es el objetivo del presente texto tratar este tema crucial para el funcionamiento político y el rendimiento social de la democracia.

II. LA REGULACIÓN Y CONTROL DEL FINANCIAMIENTO ELECTORAL

En México, la legislación vigente establece el modelo de financiamiento mixto que permite a los partidos políticos reciban el financiamiento público de manera preponderante y el privado en menor medida, el cual se destina para realizar sus actividades ordinarias y sus campañas electorales para la obtención del voto de la ciudadanía en los procesos electorales, asimismo se prevén los controles de fiscalización de dichos recursos y las sanciones ante el incumplimiento de las bases normativas.[140]

Los partidos políticos registrados reciben recursos públicos para las actividades ordinarias, específicas y de campaña, que el Instituto Nacional Electoral (en adelante INE) distribuye entre ellos. El 30% de los mismos se distribuye en partes iguales, y el 70% de acuerdo a los resultados electorales obtenidos en la elección de diputados inmediata anterior, así se establece en la Constitución Política de los Estados Unidos Mexicanos (en adelante CPEUM) en su artículo 41, base II y en el artículo 50.1 de Ley General de Partidos Políticos (en adelante LGPP).

Los partidos políticos en las entidades federativas tienen las prerrogativas de recibir recursos públicos previstos en la CPEUM, artículo 116, fracción IV, inciso g). Se unifica la fórmula para calcular el monto total del financiamiento público para las actividades ordinarias en las entidades federativas con la aplicable a los partidos nacionales. Ello conforme a la LGPP, artículo 51.1, inciso a, fracción I, prevé el monto total por distribuir entre los partidos políticos se determinará multiplicando el número total de ciudadanos inscritos en el padrón electoral local, según sea el caso, a la fecha de corte de julio de cada año, por el sesenta y cinco por ciento del salario mínimo diario vigente de la región en la cual se encuentre la entidad federativa.

Además del financiamiento público, los partidos políticos pueden recibir recursos privados a través de aportaciones de militantes y simpatizantes, autofinanciamiento y de los rendimientos financieros, fondos y fideicomisos, siempre y cuando el financiamiento público que reciben del Estado mexicano sea preponderante, así lo dispone el artículo 53 de la LGPP. Dicho finan-

140 En la Constitución Política de los Estados Unidos Mexicanos (en adelante CPEUM) en su artículo 41, Base II, se señala las garantías de financiamiento y fiscalización de los recursos que los partidos políticos nacionales cuenten, así como en la Ley General de Partidos Políticos y la Ley General de Instituciones y Procedimientos Electorales.

ciamiento privado no puede superar el 10% del tope de gasto para la elección presidencial inmediata anterior conforme al artículo 56.2, inciso b) de la LGPP.

Las restricciones al financiamiento de fuente privadas para los partidos políticos son amplias. Conforme a los artículos 54 y 55 de la LGPP, no podrán realizar aportaciones o donativos a los partidos políticos ni a los aspirantes, precandidatos o candidatos a cargos de elección popular, en dinero o en especie, por sí o por interpósita persona y bajo ninguna circunstancia: Los poderes Ejecutivo, Legislativo y Judicial de la Federación y de las entidades federativas, y los ayuntamientos, salvo en el caso del financiamiento público establecido en la CPEUM y LGPP; Las dependencias, entidades u organismos de la Administración Pública Federal, estatal o municipal, centralizada o paraestatal, y los órganos de gobierno de la Ciudad de México; Los organismos autónomos federales, estatales; Los partidos políticos, personas físicas o morales extranjeras; Los organismos internacionales de cualquier naturaleza; Las personas morales; Las personas que vivan o trabajen en el extranjero; y No podrán recibir aportaciones de personas no identificadas. Por otra parte, los partidos políticos no podrán solicitar créditos provenientes de la banca de desarrollo para el financiamiento de sus actividades.

De lo anteriormente apuntado, se destaca que el financiamiento público predominante previsto normativamente con respecto al financiamiento privado con amplias restricciones, se propone "evitar o disminuir la incidencia de intereses particulares y poderes fácticos en el desempeño de las funciones partidarias (...), lograr condiciones más equitativas durante la competencia electoral y entre los diversos actores políticos, así como mayor transparencia en materia de financiamiento (...) y asegurar que [los partidos] dispongan del apoyo y los recursos necesarios para su funcionamiento ordinario y electoral, su institucionalización y fortalecimiento democrático."[141]

141 ZOVATTO, D., "El financiamiento electoral: subvenciones y gastos" en Tratado de derecho electoral comparado de América Latina. IIDH, Uni-

Por otra parte, el control sobre el financiamiento y gastos de los partidos políticos y candidatos se realiza por el INE. El artículo 41, base V, apartado B, penúltimo párrafo de la CPEUM establece que el INE será el encargado de realizar la fiscalización y vigilancia durante la campaña, del origen y destino de todos los recursos de los partidos y candidatos. Esta disposición Constitucional, se reglamenta en la LEGIPE en el artículo 191, inciso b, establece que la fiscalización estará a cargo del Consejo General del INE, a través de su Comisión de Fiscalización, la cual tendrá a su cargo el desarrollo, implementación y administración de un sistema en línea de contabilidad de los partidos políticos.

Conforme al artículo 77 de la LEGIPE, Los partidos políticos se encuentran obligados a presentar los informes de gastos ordinarios, de precampaña y de campaña. Un órgano responsable de la administración de su patrimonio y recursos financieros será también responsable de la presentación de esos informes que, a su vez, serán revisados por la Comisión de Fiscalización, la cual deberá elaborar los dictámenes consolidados y presentarlos ante el Consejo General del INE.

Con ello, se busca evitar el financiamiento ilícito de los actores políticos mediante el sistema integral de fiscalización en línea, que permite a los partidos políticos y candidatos realizaran el registro de sus operaciones de ingresos y gastos, además de obtener información bancaria, fiduciaria y fiscal para validar la información proporcionada por los partidos políticos y detectar otra que no hubieran reportado.

A través de las fuentes de información obtenida del Sistema de Administración Tributaria, de la Unidad de Inteligencia Financiera y de la Comisión Nacional Bancaria y de Valores, cada una de estas dependencias en sus respectivos ámbitos de atribuciones, provee al INE de información complementaria y relevante para determinar, entre otros aspectos, la capacidad económica de los sujetos regulados, el cumplimiento de sus obligaciones fisca-

versidad de Heidelberg, International IDEA, TEPJF, IFE, FCE, México, 200, p. 754.

les, su actividad preponderante, el número de cuentas bancarias abiertas, los saldos y movimientos de cada una de ellas.

Así, estas autoridades auxilian al INE respecto al cobro o pago de movimientos específicos, así como alertan cuando presumen que partidos políticos, candidatos, proveedores o las denominadas personas políticamente expuestas, realizan actividades con recursos de procedencia ilícita.

En esta tesitura, los partidos políticos y candidatos como se anotó antes, tienen prohibido recibir aportaciones o donativos en dinero o en especie de: los poderes locales y federales, dependencias públicas, partidos políticos, iglesias, organizaciones civiles o mercantiles; personas físicas con actividad mercantil, personas morales, mexicanas o extranjeras, colectas públicas, o de personas no identificadas.

Como se advierte, existe una extensa regulación y control para el financiamiento público y privado para los partidos políticos y los candidatos.

No obstante, lo anterior, no es un secreto que los partidos políticos y candidatos con frecuencia intentan ocultar a la autoridad electoral fiscalizadora ingreso que reciben el financiamiento prohibido por las leyes electorales o porque exceden los límites máximos de financiamiento privado permitido que se destina a las campañas de los comicios electorales que son difíciles de identificar, comprobar y fiscalizar por la autoridad electoral, como establece Amparo Casar y Luis Carlos Ugalde en su estudio sobre el financiamiento ilícito que, se puede destacar, en términos generales, como sigue:

> "Hay tres mecanismos ilegales de fondeo de campañas: desvío de recursos públicos, contribuciones ilegales de particulares y financiamiento del crimen organizado. Como una inversión cualquiera, quien arriesga su dinero lo hace por la expectativa de un rendimiento futuro. El gobernante o servidor público lo hace para apoyar al candidato de su partido (en ocasiones de otros partidos) para garantizar "inmunidad" o para construir redes de apoyo político que le ayuden a proseguir su carrera política. El empresario o contratista lo hace para obtener acceso al nuevo gobierno en la forma de contratos, permisos o regulación favorable. Y el crimen organizado para proteger su negocio, sea en la

forma de rutas de trasiego de droga, protección policial o para infiltrarse en el gobierno y apoderarse de plazas de venta".

"El desvío de recursos públicos para fondear campañas tiene varias formas de materializarse. Entre las más comunes se encuentran la recaudación en efectivo en los tres órdenes de gobierno que no se reporta a las tesorerías: por ejemplo, el pago de impuestos en efectivo o la venta de boletos para espectáculos públicos realizados en inmuebles propiedad del gobierno. Otra modalidad es el uso de facturas apócrifas para comprobar gastos en bienes o servicios que nunca se recibieron y hacer líquido dinero del presupuesto para canalizarlo a campañas. También son frecuentes la adjudicación directa y subcontratación forzosa de obra pública y bienes y servicios, así como los sobrecostos asociados a ellas. Una más son los descuentos de nómina, mediante los cuales se les retiene a los empleados del gobierno parte de su sueldo para ser enviado a un partido político. Finalmente, están la utilización de programas sociales con fines electorales; la recaudación de pagos ilegales por permisos de construcción y ambulantaje; y los arreglos con medios de comunicación para el uso de publicidad gubernamental en apoyo a campañas electorales."

"El desvío de recursos públicos es una práctica habitual y recurrente: la revisión de las Cuentas Públicas de 2012 a 2016 revela que hay 243 mil millones de pesos sin comprobar. Aunque no se conoce con precisión el destino final del total de esos recursos, una parte de ellos pudieron fluir para el enriquecimiento ilícito y otra para fines políticos."

"El financiamiento privado ilegal que entra a las campañas es, probablemente, aún más difícil de identificar, comprobar y fiscalizar. Esta forma de fondeo generalmente implica, como en el caso del desvío de recursos públicos, la utilización de dinero en efectivo imposible de rastrear. Además de dañar la equidad en la contienda, el financiamiento privado ilegal conlleva la comisión de otros delitos, como peculado, lavado de dinero, defraudación y evasión fiscal, simulación de operaciones mediante empresas fantasma o fachada, entre otros. Por ejemplo, un empresario que desea financiar campañas electorales simula la compra de bienes utilizando empresas "fachada", obtiene un comprobante de gasto legalmente válido —aunque la compra/venta no se hubiera realizado—, deduce impuestos y finalmente destina esos recursos para apoyar a un candidato."

"Se ha estimado que los límites de gastos establecidos por las leyes electorales son bajos contrastados con los gastos reales debido a la mayor competencia generada por la pluralidad de partidos políticos y candidaturas, lo que implica que para ganar las elecciones se utiliza mayores recursos y en consecuencia los límites de gastos tienden a ser inobservados por los contendientes electorales."

"Las reglas del financiamiento privado están desconectadas de un sistema que busque transparentar y legalizar el fondeo de particulares. Por lo que los límites a las donaciones privadas son bajos ante fuertes incentivos para ocultarlos."

"La fiscalización de las campañas políticas es uno de los medios para sancionar el financiamiento ilegal y los gastos por encima de los topes legales. México cuenta con uno de los sistemas más complejos en el mundo en la materia, pero es insuficiente para combatir el enorme problema del fondeo ilegal de campañas."

"El primer problema radica en que el proceso de fiscalización se detona a partir de los informes de gasto que los propios entes fiscalizados presentan ante el INE. Aunque la autoridad cuenta con mecanismos independientes para auditar gastos con frecuencia carece de la infraestructura y de la inteligencia financiera para detectar el flujo total de recursos en efectivo que fluyen a las campañas y los gastos que se realizan."

"No obstante, la fiscalización ha dado algunos resultados parciales que ayudan a mostrar que los partidos y las campañas subestiman el registro de sus gastos reales. En 2017, por ejemplo, el INE detectó 276 millones de pesos ejercidos, pero no reportados, esto es, 26.5%. Sin embargo, el problema es mayor que los datos que ofrece el INE, debido a que muchos gastos son en efectivo e incluso erogados por terceras personas." [142]

En el patrón anotado, el financiamiento de campañas políticas electorales es un tema de gran importancia en la democracia y es esencial que se adopten medidas para asegurar que el proceso electoral sea justo y transparente frente a las irregularidades de las fuentes de financiamiento y en el control de la fiscalización por el INE, como único órgano facultado para revisar el origen, monto, destino y aplicación de tales recursos, tanto en el plano federal como en el orden local para comprobar que sean utilizados de manera correcta y conforme a lo establecido por la normatividad.

---

142 Ver: CASAR, M.,A., UGALDE, L., C., "Dinero bajo la Mesa", Grijalbo, México, 2018, p. 20 y ss.

Ante ello, debería considerarse el componente el BEPS que bien pudiera incluir en la agenda de nuestros legisladores, lo cual constituye un desafío en los procesos electorales generados en México. Componente generado en el ámbito internacional y en el que México forma parte de ello.

III. EL RETO DEL FINANCIAMIENTO ELECTORAL EN EL MARCO DEL PLAN DE LA BASE Y CAMBIO DE LOS BENEFICIOS

El BETS es un tema de gran importancia en el contexto de la democracia en México. La erosión de la base impositiva y el cambio de los beneficios fiscales son problemas que afectan a la recaudación de impuestos y, por lo tanto, a la financiación de los gobiernos y a la distribución de la riqueza en la sociedad. En el caso de las campañas políticas electorales, las irregularidades del financiamiento limitan el principio de equidad en la contienda de los candidatos para llegar a los votantes y hacer campaña en igualdad de condiciones para los contendientes y asegurar el rendimiento de la democracia. Por lo tanto, es importante tomar medidas para abordar estos problemas y garantizar que la democracia en México funcione de manera justa y equitativa.

En el foco de las acciones del BEPS de la Organización para la Cooperación y el Desarrollo Económicos (en adelante la OCDE) y del Grupo de los 20, puesta en marcha para combatir la evasión fiscal y la transferencia de utilidades para garantizar que los contribuyentes sean sometidos a imposición en donde generan valor, sobre todo a los contribuyentes de empresas multinacionales, fue conformada por 15 medidas ante —según la OCDE: las discrepancias e inconsistencias existentes entre los sistemas fiscales nacionales, la necesidad de cambiar artificiosamente los beneficios a lugares de escasa o nula tributación, donde la empresa apenas realiza actividad económica alguna, lo que le permite eludir casi por completo el impuesto de sociedades.

Las 15 medidas del Plan BEPS derivaron de la cumbre del Grupo de los 20 (G-20), celebrada en junio de 2012, en la cual sus dirigentes hicieron referencia de erradicar la erosión de la base imponible y el traslado de beneficios. Después en la cumbre del G-20, realizada en Julio de 2013, y los participantes de la OCDE avalaron decretaron las quince acciones internacionales para afrontar la erosión fiscal.

Las quince acciones, enfocadas a tres pilares fundamentales: coherencia, transparencia y sustancia, se establecieron en los términos siguientes:

1) Afrontar los desafíos de la economía digital para la recaudación.
2) Equilibrar los efectos de los elementos híbridos
3) Refuerzo de la normativa sobre las reglas para las compañías extranjeras. CFC (Controlled Foreign Company Rules, por sus siglas en inglés)
4) Limitación de la deducción de la base imponible por vía de interés y otros pagos financieros.
5) Eliminar prácticas fiscales perniciosas, teniendo en cuenta la transparencia y la sustancia
6) Frenar la utilización excesiva de convenios fiscales.
7) Frenar la elusión artificiosa del estatuto de establecimiento permanente.
8) Desarrollar las normas que frenen la erosión de la base imponible y el traslado de beneficios mediante los movimientos inmateriales entre órganos de grupos involucrados,
9) Iniciar reglas que imposibiliten la erosión de la base imponible mediante él envió de riesgo entre, o la asignación excesiva de capital a socios de las empresas.
10) Desarrollar reglas para cerrar la participación en transacciones no acontecidas, o que estas transacciones ocurrirán extemporáneamente entre terceros.
11) Establecer indicadores del impacto económico de la erosión de la base imponible y así garantizar que se cuentan con instrumentos para supervisar y evaluar la eficacia de las medidas del Plan,
12) Solicitar a los contribuyentes que anuncien sus mecanismos de planeación fiscal agresiva o abusivas que permite

a las naciones que no cuenten con reglamentación de las declaraciones obligatorias.

13) Inspeccionar los documentos referentes a los precios de transferencia.
14) Efectividad ante mecanismos de resolución de controversias.
15) Realizar una herramienta multilateral que cambie los convenios fiscales bilaterales.[143]

México, uno de los 137 países que ha atendido estas acciones y ha realizado reformas en su sistema legislativo fiscal con el fin de implementarlas y elevar su recaudación tributaria.

Por ejemplo, en el Paquete Económico para el ejercicio 2020 destacan las medidas orientadas al combate contra la evasión y elusión fiscales considerando las acciones promovidas en el BEPS emitido por la OCDE, como el combate a las fibras privadas, de la revelación de esquemas reportables[144] y los impuestos a las plataformas tecnológicas. Con ello se busca que las grandes empresas extranjeras paguen los impuestos que les corresponden en cada país donde se obtienen ganancias.

También los dispuesto por el artículo 4-A a la Ley del Impuesto Sobre la Renta con el objetivo de normar los ingresos creados se estableció que las entidades extranjeras que sean transparentes fiscales y las figuras jurídicas extranjeras están forzadas a la contribución del entero del impuesto sobre la renta y contribuirán en los mismos términos que las personas morales para efectos de la Ley del Impuesto Sobre la Renta.

La reforma de 2020 incluyó la incorporación del Título VI, al Código Fiscal de la Federación, en el que da cumplimiento a la ac-

---

143 OCDE, «Proyecto OCDE/G20 sobre la Erosión de la Base Imponible y el Traslado de Beneficios» [en linea], (2015), <https://www.oecd.org/ctp/beps-resumenes-informes-finales-2015.pdf Consultado 16 de agosto de 2022> [consulta: 16/08/22].

144 El Código Fiscal de la Federación establece en el artículo 199, que "Se considera un esquema reportable, cualquiera que genere o pueda generar, directa o indirectamente, la obtención de un beneficio fiscal en México (....)."

ción 12 del plan BEPS. El sentido de la adición se centra en definir la figura del asesor fiscal y los esquemas reportables, definiéndolos como sigue:

> Art. 197. Los asesores fiscales se encuentran obligados a revelar los esquemas reportables generalizados y personalizados a que se refiere este Capítulo al Servicio de Administración Tributaria.
>
> Se entiende por asesor fiscal cualquier persona física o moral que, en el curso ordinario de su actividad realice actividades de asesoría fiscal, y sea responsable o esté involucrada en el diseño, comercialización, organización, implementación o administración de la totalidad de un esquema reportable o quien pone a disposición la totalidad de un esquema reportable para su implementación por parte de un tercero.
>
> Art. 199. Se considera un esquema reportable, cualquiera que genere o pueda generar, directa o indirectamente, la obtención de un beneficio fiscal en México y tenga alguna de las siguientes características...

Con estas reformas en el sistema tributario, se busca incrementar la transparencia en las estrategias de los contribuyentes que afecten los intereses recaudatorios de los países que forman parte de los países de los OCDE, aprovechando las oportunidades fiscales que se puedan tener.

Desde esta óptica, el financiamiento irregular de las campañas políticas dadas por el financiamiento privado que pudiera generarse por la vía de empresas multinacionales, podría armonizarse con las acciones propuestas por los BETS antes referidas para combatir la evasión fiscal, mejorar la coherencia de la normativa fiscal internacional y para garantizar una fiscalización más transparente y con mejores prácticas.

Aunque si bien estas formas de financiamiento privado no están previstas legalmente por los ordenamientos electorales, implicaría reformar el modelo mixto de financiamiento a los partidos políticos, como la LGPP, que está desconectado de un sistema que busque transparentar y legalizar el fondeo de particulares de forma más amplia, que se genera de hecho en los procesos electorales.

México dependen en cierta medida de los ingresos derivados de las rentas de sociedades trasnacionales. Por lo que es urgente continuar esforzándose por conseguir la actualización de las normas impositivas internacionales para solventar esta problemática en el ámbito electoral nacional, los recursos privados que pudieran tener como destino el financiamiento irregular de los procesos electorales.

Ello, considerando que cifras de la Comisión Económica para América Latina y el Caribe (CEPAL) señalan que América Latina representa el 6.3 por ciento del PIB; es decir, 335,000 millones de dólares; mientras que el Instituto Belisario Domínguez del Senado de la República, señala que en México las pérdidas recaudatorias por ambos conceptos pueden representar hasta 6.2 por ciento.[145]

El modelo de financiamiento mixto que rige en los procesos electorales no ha resultado del todo eficaz, por lo que debiera reparar un sistema financiero acorde a la realidad con que opera, aprovechar los avances y logros, pero a su vez construir y desplegar toda la capacidad del gobierno que contiene la democracia pluralista y entrar en un tiempo social nuevo en el marco del BEPS.

IV. CONCLUSIONES

En México se cuenta con órganos y un regímen jurídico en materia electolar para el financiamiento mixto de los partidos políticos para los procesos electoral que es necesario fortalecer con los instrumentos de los tratados internacionales y los acuerdos del BETS, con nuevas reformas en la legislación electoral y de la administración tributaria, al implementar el Plan BETS, analizar las recomendaciones en materia de políticas, así como valorar las condiciones de otras fuentes de financiamiento que no se registran y poder transparentar la información a la ciudadanía, así

145 CÁMARA DE DIPUTADOS, «Boletín N°. 3043, El Gobierno mexicano debe reforzar las medidas para reducir la evasión y la elusión fiscal de las multinacionales» [en linea], (2020), <http://www5.diputados.gob.mx/index.php/esl/Comunicacion/Boletines/2020/Enero/09/3043-El-Gobierno-mexicano-debe-reforzar-las-medidas-para-reducir-la-evasion-y-la-elusion-fiscal-de-las-multinacionales> [Consulta: 12/08/2022]..

como para los fines fiscales para la recaudación y para incrementar los ingresos distinados a los comicios.

Este enfoque tiene el objetivo de reducir la influencia de intereses económicos en la política y promover la igualdad de oportunidades entre los diferentes partidos y candidatos.

El Plan BEPS comprende quince acciones, cuyo objetivo principal es para enfrentar la problemática de la erosión fiscal a través de reformas fiscales, pero el mayor desafío es una iniciativa que busque reformar el sistema de financiamiento de campañas políticas electorales en México.

En suma, se trata de un tema de gran importancia, ya que el financiamiento de campañas políticas es esencial para la democracia y el funcionamiento del sistema político. Uno de los objetivos es establecer límites y control a las donaciones privadas y de las empresas para evitar que ejerzan una influencia desproporcionada en el proceso democrático y para reducir el riesgo de corrupción.

BIBLIOGRAFÍA

CÁMARA DE DIPUTADOS, «Boletín N°. 3043, El Gobierno mexicano debe reforzar las medidas para reducir la evasión y la elusión fiscal de las multinacionales» [en linea], (2020), <http://www5.diputados.gob.mx/index.php/esl/Comunicacion/Boletines/2020/Enero/09/3043-El-Gobierno-mexicano-debe-reforzar-las-medidas-para-reducir-la-evasion-y-la-elusion-fiscal-de-las-multinacionales> [Consulta: 12/08/2022].

CASAR, M.,A., UGALDE, L.,C., "*Dinero bajo la Mesa*", Grijalbo, México, 2018

Código Fiscal de la Federación

Constitución Política de los Estados Unidos Mexicanos

Ley General de Instituciones y Procedimientos Electorales.

Ley General de Partidos Políticos

Ley de Impuesto sobre la Renta

OCDE, «Proyecto OCDE/G20 sobre la Erosión de la Base Imponible y el Traslado de Beneficios» [en linea], (2015), <https://www.oecd.org/ctp/beps-resumenes-informes-finales-2015.pdf Consultado 16 de agosto de 2022> [consulta: 16/08/22].

ROSEMBUJ, T., "*El Fraude de Ley, la Simulación y el abuso de las formas en el derecho tributario*", Marcial, Madrid, 1999.

ZOVATTO, D., "El financiamiento electoral: subvenciones y gastos" en *Tratado de derecho electoral comparado de América Latina*. IIDH, Universidad de Heidelberg, International IDEA, TEPJF, IFE, FCE, México, 2007